选择的艺术

从混乱到清晰

［英］莎拉·莱恩（Sarah Lane） 著 诸葛雯 译

古吴轩出版社

图书在版编目（ＣＩＰ）数据

选择的艺术：从混乱到清晰 /（英）莎拉·莱恩
(Sarah Lane) 著；诸葛雯译. -- 苏州：古吴轩出版社，
2020.9
　　书名原文：Choices:From Confusion to Clarity
　　ISBN 978-7-5546-1520-1

　　Ⅰ．①选… Ⅱ．①莎… ②诸… Ⅲ．①职业选择—通
俗读物 Ⅳ．① C913.2-49

中国版本图书馆 CIP 数据核字（2020）第 028602 号

The simplified Chinese translation rights arranged through Rightol Media （本书中
文简体版权经由锐拓传媒取得 Email:copyright@rightol.com）

责任编辑：蒋丽华
见习编辑：张雨蕊
策　　划：王　猛
封面设计：尚世视觉

书　　名：选择的艺术：从混乱到清晰
著　　者：［英］莎拉·莱恩（Sarah Lane）
译　　者：诸葛雯
出版发行：古吴轩出版社
　　　　　　地址：苏州市十梓街458号　　　　邮编：215006
　　　　　　电话：0512-65233679　　　　　传真：0512-65220750
出 版 人：尹剑峰
经　　销：新华书店
印　　刷：晟德（天津）印刷有限公司
开　　本：880×1230　1/32
印　　张：8.25
版　　次：2020年9月第1版　第1次印刷
书　　号：ISBN 978-7-5546-1520-1
著作权合同
登 记 号：图字10-2019-648号
定　　价：49.80元

如发现印装质量问题，影响阅读，请与印刷厂联系调换。022-29903116

读者感言

这本书为我们提供了大量宝贵的建议，并介绍了很多实用方法，能够帮助我们做出最佳选择。莎拉是一个讲故事的高手，她总能让你忍不住继续翻到下一页。

——公平交易基金会人力资源与组织发展部总监　马蒂·迪克

作为一名导师，莎拉以一种与众不同的方式将她对该主题的激情、技巧和智慧融合在了一起，并通过这本书将自己独特的方法介绍给了更多的读者。

——CDL咨询公司总监　史蒂夫·汤普森·马丁

对于所有处于转型期的人来说，这都是一本很棒的书。它语言轻松，不失偏颇，令人耳目一新；它是深入研究的产物，充满了"灵感乍现"的语句，既让人受到鼓舞，又让人满怀期待。

——RSA保险集团人力资源顾问　凯瑟琳·韦克菲尔德

读完《选择的艺术：从混乱到清晰》之后，我并没有用崭新的视角来看待事物，我只是摘下了玫瑰色的眼镜，让它不再遮蔽我的双眼！

——业务经理，审计员，几位少女的母亲　凯伦·鲍尔

莎拉简单、清晰的写作风格与穿插在书中的趣闻轶事使得《选择的艺术：从混乱到清晰》成了一本值得阅读的书籍。我认为书中的实践练习尤为有益。

——作家，两个孩子的母亲　妮姬·劳埃德

对于所有需要在人生中做出选择的人而言，这是一本实用、易读且富有洞察力的书，它向你与生俱来的思维过程发出了挑战，助你更上一层楼。

——凯度消费者指数商业发展总监　克莱尔·布利斯特

献　辞

献给我的"小面条"尼克：

愿你长大之后能够明白，

人生中始终存在着诸多选择；

也愿你能够自信满满地做出伟大的选择。

致　谢

　　我想要感谢的人实在太多了，因此我几乎不知道应该先从谁开始。过去几年里，我一直在尝试撰写一本书，不过这次的不同之处就在于，我全身心地投入写作之中，而且清楚应该怎样去做。

　　在全身心投入这件事上，我要感谢我的丈夫马库斯，他是这个世界上最好的爸爸。他会在每个周六以及大多数周一带着小尼克出门玩耍，这样我才有充裕的时间来完成这本书。能够在写作时看见你们发布在脸书（Facebook）上的快乐照片，对我来说大有益处……微笑总能为创作的过程提供帮助。

　　我还要感谢儒勒，感谢你在我犹豫是否要与明迪签订作者协议时为我提出建议。你直截了当地告诉我"只要在三个月内集中全部精力"，"自我上次到访已过去三个月了"，让我更有规划和条理。

　　在知识方面，我想要感谢"新书助产士"明迪，你是一位出色的导师。你让我为这本书负起责任，设定截止日期，并且就写作技巧提出了很多宝贵意见。

我还要感谢我的作家同行尼吉。一天，我们在汉普斯特荒野散步时，你向我提出了一则逆耳的忠言。你认为我根本不需要通过培训课程来学习写作。你的质疑犹如一场及时雨，让我意识到，也许我一直把这当成了不去动笔的借口，我需要的就是有人在背后推我一把。

我还要感谢马蒂、吉娜、雷切尔、克莱尔、凯伦、凯瑟琳、史蒂夫、妮姬和简，感谢你们花时间阅读我的手稿，并提出了宝贵的反馈意见。

在写作灵感与写作动力这一方面，我要感谢我的老师、指导员和朋友们，他们是：

吉姆·麦克尼什——谢谢你的观点、质疑和支持，以及陪我在峡湾与湖泊旁漫步。

菲尔·霍尔德博士——谢谢你，富有创造力的导师，在我缺乏自信的时候，帮助我建立了信心。

德里克·奥斯本——谢谢你向我展示我们有可能实现怎样的目标，以及将精力投入关系与人脉网之后所能得到的力量。

伊恩·麦克德莫特、蒂姆·加尔维、托尼·罗宾斯——你们都是伟大的老师。

格蒂·莱恩——你是一位能够接纳任何事物的妈妈，谢谢你，感谢你直接为我展示了心胜于物的力量；感谢你不断地"医好自己"，无论医务人员曾经说过什么。

……

非常感谢每一位我有幸能够遇见的客户、朋友和团队成员。你们的故事是我写作灵感的源泉，其中一些也许就出现在了这本书里。看到你们偶尔做出艰难的抉择，并且得到了良好的发展，我感到由衷的鼓舞和充实。你们都是伟大的老师。

引　言

　　作为一个在公房（地方委员会建造并出租的市建房屋区）中长大的康沃尔女孩，我有幸在整个职业生涯中得到了雇主们的资助，与一些了不起的人一同学习。我知道不是每个人都会这么幸运，所以我希望分享我的经验，可以在某种程度上帮助并鼓励你为了想要的生活而做出自己的选择。我的梦想以及撰写本书的目的就是让尽可能多的人能够掌握这些内容与技巧，我曾亲眼见过它们在改善人们生活方面所发挥的作用。我希望你能够在阅读的过程中发现一些之前并不了解的事实，能够想起曾经十分有效的举措，并且发现从不同的角度看待事物可以带来更多选择。

　　尽你所能。

　　知道自己是谁，做真实的自己。

　　利用所有资源，做力所能及的事。

　　这是一本属于你的书，所以用你喜欢的方式来使用它。在上面写写画画，折起书角或是与他人分享。怎么有用怎么来，就是不要把它扔到一边！

读过本书手稿的一位朋友评价它为一本"大杂烩"。我很喜欢她的说法，因为我的写作目的就是以一种你可以随意"切入、切出"的方式来分享故事、方法和想法。比如说，它更像是整天吃零食，而不是坐下来享用一顿丰盛的大餐。每一章都很自然地与下一章连接在一起，即便你没有从头开始阅读，也依然能够理解每一页所写的内容。每一部分都与其他部分动态地连接在一起，但同时它们也是独立存在的。当然，如果你愿意的话，也可以从第一页开始，坐下来一口气读完整本书。如果你决定这样做，我会建议你腾出一些时间休息一下，不然，你也许会错过一些对你有用的内容，或是无法享受"闻到玫瑰花香"的乐趣。

你将在书中读到我的亲身经历以及曾与我合作过的客户的故事。这些故事中的人物均使用了化名，同时我也隐去了他们所在机构的名称，这样做是为了保护客户隐私。对于辅导和个人发展来说，保护客户隐私是一件非常重要的事情。我希望这些个人经历与故事可以为本书增添更多技巧或是心理方面的内容。

我希望你们喜欢阅读这本书，就像我十分享受写作的过程一样。为创造并且做出我们也许永远也想不到的选择干杯。

选　择

你永远都会面临选择，而且你必须知道怎样做出选择。

目 录

第一章 担起责任 —— 这是你的生活

第二章　你的内心团队正在主导一切

第三章 真相，全部真相，只有真相

第四章　一切皆有可能

第五章 就是现在，行动起来

后 记

CHOICES

第一章

担起责任 —— 这是你的生活

take responsibility—it's your life

生活的奇妙之处在于，如果没有选择，就没有希望；如果不对这些选择负责，就无法拥有力量。

　　因此，一个有责任心的人更容易过上美好的生活。谁不希望如此呢？

明确你想要什么，然后大声说出来

多年以来，我发现自己从未主动说过"我想要"。也许是家庭教养使然，我不敢这样说。但可以肯定的是，即使我未曾听别人说过"你想要的东西永远也得不到"，这句话也时常在我脑海中回响。

明确你想要什么可以令你解放天性，将它大声说出来可以令你深受鼓舞。能够准确、细致地描述你想要的东西，将是你这一生中做的极具说服力和吸引力的事情。正因为这种不同，你才能跟别人区分开来。

清晰＝当你站在岔路口时，不会因为究竟该走哪条路而纠结

在漫漫人生路上，你将遇到很多岔路口，做出很多选择。我们不是借山而居的隐士，相反，我们都过着俗世的生活。因此，我们将面临更多的选择，每天都是这样。

早晨闹铃响了就要马上起床吗，还是再睡10分钟懒觉呢？现在，对于我来说，睡懒觉简直是一种奢望——要是你家里也有一个

精力充沛的两岁孩子的话，你就能明白了！要吃早餐吗？如果吃的话，是选麦片粥，还是香肠三明治呢？

尽管这些选择看上去比较肤浅，但它们构成了一种生活方式或生活习惯，并对你的方方面面产生了影响。

睡10分钟懒觉，你可能觉得一整天都会神采奕奕，心情也更加美好了；不过，也有可能因为晚了这10分钟，你被堵在了上班的路上或是赶不上火车，以致无法准时参加一场重要会议。偶尔尝一尝美味的香肠三明治倒也无妨，但是如果把它当作日常早餐，就可能让你营养失衡。

为了能够做出更好的选择，我们首先需要知道自己想要前进的方向，知道哪种方式更容易实现目标。我不是要你把目标刻在石板上，但有研究表明，如果将目标写下来，你就更有可能实现它。写下目标的这个举措会让你的思维变得更加透彻和清晰，所以让我们拿起笔来写下对未来的期望吧。

我小时候非常喜欢看《爱丽丝梦游仙境》，在这本书里，我最喜欢的角色是柴郡猫。多年来，它所拥有的智慧一直在启迪着我。

爱丽丝："请你告诉我，我该走哪条路？"

柴郡猫："这要看你想去哪儿。"

爱丽丝："去哪儿无所谓。"

柴郡猫:"那你走哪条路也就无所谓了。"

——刘易斯·卡罗尔《爱丽丝梦游仙境》

虽然柴郡猫的说法怎么看都没问题,但我觉得还是应该做一些补充:我们应该清楚自己想要去往何处,明白这一点是一回事,而究竟应该如何选择,如何在岔路口认识到这一点又是另外一回事。

我觉得有些事情你需要记在心里:

1. 处处留心,不然,你怎么知道自己究竟身处何方?

2. 不要走得太快——你可能会错过一些非常重要的路口。

3. 出发前先选定一个目的地——不一定十分具体,但必须确定一个大致的方向。

4. 充分了解自己,知道自己在路途中需要什么。

○ **故事**

我可以很自豪地告诉大家,我做出的最重要也是我最喜欢的选择是在2007年成为自由职业者。

当我决定辞职时,我已经提前走到了人生的岔路口。那时候,我在百安居公司人力资源部担任人事经理——这是我第一次从事此类工作。在这之前,我只取得了审计员的从业资质(我曾在军校就读，后面我会提到这个故事）。因此，我非常感谢老板迈克给了我这个机会。更让我感动的是，公司赞助我去伦敦参加了一个为期6个月的培训项目，以便让我获得心理学领域和人力资源领域的从业资质。

在这次培训中，有一个为期4天的培训模块，研究的是推动决策的人类行为。因为培训师十分注重体验，所以我们要通过创建关于自己的未来愿景对理论进行检验。

当我开始思考自己想要的生活，那种等到花甲之年回顾人生，希望是怎样的人生轨迹的时候，我突然意识到，我并不希望自己只是一个在大型公司工作的业务专员，或是成为人力资源、学习与发展领域的领导，或是成为业界知名的不可或缺的多面手。我有能力管理大型团队，但是我发现自己并不喜欢这种工作。我更喜欢帮助他人挖掘并发挥自身的潜力和价值，而且我相信，对于企业而言，如果员工能够发挥自身潜能，将会产生更多的商业价值。我喜欢文化工作以及在影响人们实现最佳自我的过程中所担任的角色。

我在脑海中形成了这样的画面：办公楼外有一个巨大的"垃圾桶"，当人们早上来上班时，他们把自己70%的部分丢进"垃圾桶"，然后走进办公楼展开工作；当他们下班回家时，又从"垃圾桶"内取回丢弃的部分，重获完整的自己。而我的任务是帮助他们全身心地投入工作。一旦我设定了这个目标，就得着手做计划。目标清晰后，我又发现，脑海中那装满70%部分的"垃圾桶"并不是孤立的，它也不是在一座办公楼外，而是遍布整座城市，甚至全世界。这就意味着我必须成为一个自由职业者，以便在更多的公司里帮助更多的人。

从南安普敦一家大型企业的人事经理，到为众多企业提供服务的自由职业者，这似乎是一项巨大的挑战，但是将其作为目标到遇到我人生的第一个岔路口，其实不到一年时间。我该如何更轻松、更准确地做出选择呢？

实际上，这条岔路来自伦敦的一家公司，他们希望我能够成为公司领导力发展部的带头人。这么说吧，这家公司需要的是转型而不是发展。对于我和我的丈夫来说，这将是我们人生中的一次巨大转变。我们认识的大多数人都在三十岁出头离开了伦敦，而不是奔向那里。

一条岔路，展现的是舒适、确定性与长期服务，我可以把家安在海边，那里有认识我并且信任我能力的人；另一条岔路，则由不确定性与兴奋之情所铺就，让我有机会与那些面临真正挑战的董事会合作，搬到世界著名的伟大的城市，而且这种经历可以为我成为自由职业者的梦想添砖加瓦。

这是一个很容易做出的决定，离别令人伤感，但是前景让人期待。在个人职业规划教练的支持下，我和百安居公司的总裁展开了艰难的谈判，希望自己能从已经启动的重大项目中脱身。

在伦敦工作了几年之后，我遇到了人生的第二个岔路口——主动离职。原本我打算在2010年走上自由职业者的道路，可是那时才2007年。这中间的逻辑还是很简单的，我很清楚自己想要的未来，所以决定辞去在伦敦的这份工作，这样就能早点实现梦想。

此前，我对这份工作几乎倾注了全部的精力，觉得这一天来得有些太快了。那位优秀的教练再次问了我一些能够让我的理智与情感保持一致的问题。他让我想象一下，如果周一上班时不提出离职，我会有怎样的感觉，然后再想象一下提出离职请求后的感觉。第一个问题让我感到沉重和悲伤，而后者让我感到轻松，虽然有些不安，但充满了动力。因此，凭借这种认知，按照这个符合我的长期梦想规划的逻辑，在朋友和家人的支持下，我勇敢地迈出了这一步。几年来，我一直在和他们讲述我的计划，让他们知道我说到做到，而且有能力实现承诺的感觉真的很好。我看到，自由职业在向我招手。

回顾以往的经历，我发现，当我站在岔路口时，心里也有一只柴郡猫在向我提出尴尬却有益的问题。拥有职业教练让一切变得不同，拥有一位支持我却又不够相信我的朋友，可以帮助我加快决策与行动的步伐。

我在下面列出了一些问题。当我站在岔路口前，而柴郡猫又不在身旁的时候，这些问题为我提供了巨大帮助。我希望你也能觉得它们十分有用。试着让它们帮助你做出正确的决定吧！

○　**练习**

明确你想要什么——引导性问题

1. 你想要什么？它能为你做些什么？

2. 你怎么知道何时能够得到自己想要的东西？得到之后，你能看到、听到或是感觉到什么？别人又会看到、听到或是感觉到什么？

3. 如果你能得到自己想要的东西，又如何确保长期持有它呢？

4. 你想在何时、何地、与谁一起得到它？你不想在何时、何地、与谁一起得到它？

5. 你希望将现状以及目前行为中的哪些部分延续下去？

6. 它值得你为此付出代价吗？值得你投入时间吗？这个结果与你的认同感相符吗？

承诺具有强大的力量

你做出过什么样的承诺？这里所说的"承诺"与很多人嘴里的"承诺"并不相同。"我对××做出过承诺"是一种十分强烈的声明。

如果人与人之间能够多谈一谈自己的承诺，而不是需求、目标和期望，就能促使彼此的关系更加亲密，更有凝聚力，尤其对于经营婚姻和建设团队的人而言，这一点非常重要。

承诺并非嘴上说说那么简单，还需要你拥有雄狮般的心与天才般的头脑。举例来说，在一场足球比赛中，如果你能全身心投入，那么你就是在实现承诺，这样才有可能进球；如果你只是停留在边线或是看台上，又怎么可能进球呢？

承诺可以创造动力，它决定了我们在时局艰难时所采取的行动与做出的反应。

对我来说，我在生命中做出的第一份重要承诺是结婚。1997年，我当时的男朋友（现在的丈夫）马库斯正与德文郡的农户合作，从事乳制品行业的工作。一天晚上，我和马库斯见面，他说在彼此做出结婚的承诺之前，他一直在进行这方面的研究。真是怪了，我想，因为他向来对学术研究不感兴趣，但无论如何，我还是很好奇。他说，他和那些农户们谈到了如何经营婚姻，还向他们讨教了保持婚姻持久的秘诀。对于这一点，我也很感兴趣。作为一个本身就对农户十分了解的康沃尔女孩，我很清楚大多数农户的婚姻都能延续四五十年，所以，要是真的存在秘诀的话，他们一定知道。而农户们最常见的回答是："经营婚姻并不难，现在的年轻人只是不愿尝试而已！"

承诺似乎具有一种内在的决心。它会向大脑发出信号，表明无论面对怎样的艰难险阻，你都要完成这件事。承诺体现的是"能做、会做"的态度，而不是"怎么简单怎么来"的方法。

○　练习

你的承诺

给自己留一些时间，一些可以深吸一口气，对自己坦诚的时间，一些反思与思考的时间。

你也许想思考生活中的某个方面，比如职业或是某段经历，一旦做出了选择，就问问自己这些问题：

你对你的团队做出了何种承诺？

你对你的公司做出了何种承诺？

你对你的家人做出了何种承诺？

你对你的人际关系或是婚姻做出了何种承诺？

你对自己做出了何种承诺？

你可能会发现，其中的一些问题很容易回答。如果出现了这种情况，那就说明你疏忽或是遗失了一些重要的东西。无论是哪种情况，首先你应该找到它们，然后记录下来。这样，你就能在阅读这本书的时候，对生活中的这些方面做出一些不同的选择。

我在与客户一对一沟通的过程中发现，女性往往觉得"你对自己做出了何种承诺"这个问题难以回答。如果你也有同感（无论你是男性还是女性），也许现在就应该开始找到自我，并且好好照顾自己了。

再来思考一下这些问题：

上一次你仅仅因为喜欢而做某件事是在什么时候？

你喜欢做些什么？

上一次你做这些事情是在什么时候？

害怕失败会让人变得软弱

有些词语总是让人产生负面情绪，"失败"这个词就是其中之一。它让我们当中的一些人立刻想起上学的时光，这也许是一种真正发自肺腑的感受。

如今，很多企业都在采用信号灯式的考核系统：根据个人或团队或组织对每个目标的完成情况，将其设定为红色（代表偏离目标）、黄色（代表接近目标）和绿色（代表正在执行目标或已经完成目标）。对于那些还没有接触过这个系统的人来说，当报以支持和诚恳的态度使用它时，它真的非常直观，也非常有效，因为企业文化关注的通常是结果，而不是问题和责任。但如此一来，这个考核系统就会出现各种问题。

多年以来，我合作过的众多企业最终都呈现出虚假繁荣的景象，因为他们在设置这个考核系统时没有考虑到人们对失败的恐惧。对于一些人来说，可视化的考核方式会妨碍他们锐意进取；而其他人可能会伪造图表，使其呈现出一片绿色的海洋，但实际上，红色才更为准确。这源自人们对失败的恐惧，即使事情没有人们想象中那么糟糕，人们也不愿意去面对。

团队和企业中往往有一种能够对行为产生影响的文化记忆。所有哺乳动物在这方面都是天生的，这是我在阅读一则有关猴子的故事时意识到的。

在一项实验中，5只猴子被置于一间房间内，房间正中有一棵香蕉树。只要有猴子试图爬上树去采摘香蕉，喷水系统就会向猴子身上喷水，直到它（它们）离开香蕉树。实验不断重复，直到所有猴子都学会了远离香蕉树，因为猴子对于干燥的喜爱程度胜过了香蕉。

图 1-1　你的工作中是否也存在香蕉树规则

实验的第二阶段，一只从未被喷过水的猴子替换了其中一只猴子。新来的猴子很快就开始接近香蕉树。然而，在洒水器开始工作之前，其他猴子立即围上来打这只新来的猴子，迫使它离开香蕉树。这一过程不断重复，直到新来的猴子不再接近香蕉树。

研究人员继续用新猴子逐一替换被水喷洒过的猴子。最后，房间里的猴子都没有因为攀爬香蕉树而被水淋过，但是猴子们仍然会殴打任何试图接近香蕉树的猴子。猴子们不知道为什么不能靠近香蕉树，只知道那是禁区。

企业文化通常与"最佳实践标准"紧密联系在一起，但从未有人质疑过这些实践，而这些实践也从未被改变过。

对于信号灯式的考核系统或其他可以验证工作是否达标的考核，我们都需要设置失败反馈的环节，它会告诉我们遇到下一个选择的时候该如何做出选择。如果托马斯·爱迪生在发明灯泡阶段尝试1000次之后放弃了，我们有可能仍然处于没有电灯的黑暗时代。我不是说在事不可为的情况下你也不能放弃，而是希望你凡事尽力而为。如果在飞机上，那么你只能寄望飞行员确保所有系统都已启动，并且在起飞、飞行和着陆时做出万无一失的选择。

生活中不乏这样的人：他们总是忧心忡忡，还没开始做某件事就宣告结束了。从错误中学习不一定都是事关生死的。对于大多数人来说，如果在职业生涯或生活中失败了，肯定不会毁灭自己或别人，但我们所做出的选择通常会让别人觉得是生死攸关的。

○ 故事

在过去的几年里，我与一家业务遍及全球的电信公司合作时，一种关于失败的文化规范和态度为我注入了活力。由此，我对因失败而引发的不同境况，以及它会对企业招聘和留住优秀人才产生怎样的影响有了真正的了解。

从战略上讲，众多企业都在寻求多样化，并希望采用创业的方式来拓展业务。但现在，我只要听到大型企业要求他们的员工具备创业精神，就会感到担忧：学习如何成为一名企业家当然是很好的，可当你身处一间大型的开放式办公室时，要制定各项制度，要签署各类合约，还要证明自己有能力维持业绩上的增长，而且每周、每月、每季度都必须向股东汇报，总之，你要为企业的上上下下负责到底，决不能推脱，如此一来，你有信心坚持下去吗？

那家电信公司的优势在于，他们广泛地思考并借鉴了硅谷各大企业的成功模式，采用了"快速失败"的商业理念：在10个商业创意中，如果有8—9个创意快速失败了，就可以把资源和注意力放在剩下的1—2个创意中。无论是失败的创意还是得以保留的创意，公司对创意的构建者都一视同仁，因为如果没有这么多创意，就不可能发现成功之道。

这种理念促使公司成员集思广益，领导们则快速对各种创意进行测试，并如实汇报测试结果——失败才是真正有价值的反馈。

你对失败的态度是什么

当人们遭遇失败时，通常会有三种身份表现，分别是涉猎者、战士和大师。以我的人生经验来说，在不同的时间节点中，我的身份表现更倾向于20—30岁时是战士以及30—40岁时是大师。当然，我并不否认自己曾当过涉猎者，因为这也是一段有趣的经历。

我到底在说什么呢？好吧，让我来向你介绍我的三个朋友。

在此，请允许我以体育运动的例子来说明涉猎者。虽然我也可以用工作、人际、生活等各个方面的例子来说明，但体育运动的例子更有助于阐述如何做到这一点，你要考虑这是不是你能做的事情。

我曾尝试打高尔夫球，打了十几杆后，成绩并不理想。为了避免尴尬，我在球场上走来走去。事后，我专门上了一两次高尔夫球培训课，但我的水平没有得到多少提升。于是，我对自己说："好吧，我不是打高尔夫球的料。"

我又去尝试打网球。我带上新买的网球装备，在网球场上自由发挥，偶尔还能打出一记漂亮的凌空抽射。然而，我发现自己打网球的水平一直停滞不前，所以我对自己说："啊，原来我不是为打网球而生的，这不是我的长项。"

接下来，我尝试跑步。我逐渐增加跑步的距离，享受着这项运动。直到有一天，我发现自己总也完不成在20分钟内跑完某公园全程（很多跑步爱好者都能做到）的目标。所以，我对自己说："我在跑步方面没有天赋。"

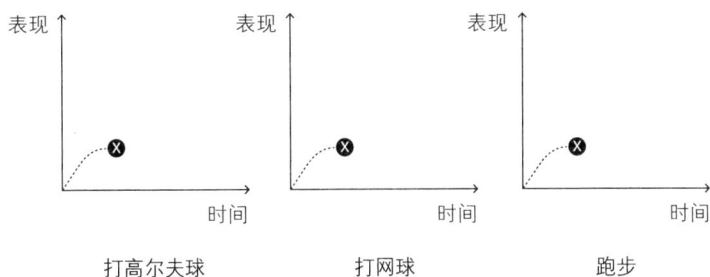

图 1-2　涉猎者

下一项运动，再下一项运动……我都半途而废。

战士则采取了一种截然不同的做法。我继续用上文中打高尔夫球的例子来说明，战士上了一两次高尔夫球培训课，发现水平没有得到显著提升，便对自己说："我能做到，我必须做到，如果我做不到，人们会怎么想……行动起来，多去练习吧！"

对战士而言，当遇到困难时，他明白必须奋力拼搏才能到达成功的彼岸。他会告诉自己要做些什么，无论付出多大的代价或者承受多大的痛苦，都要做到。

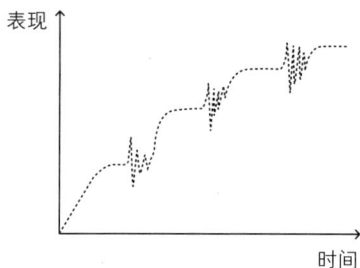

图 1-3　战士

最后，看一看大师会有怎样的表现。对我来说，大师是一种更成熟的身份——充满活力，拥有超强的专注力，而且思维敏捷。我相信，当你处于最佳状态，尤其是在学习新事物时，你就会呈现出大师的身份状态。回到打高尔夫球的例子中。我上了一两次高尔夫球培训课，发现水平没有得到显著提升，便对自己说："啊，高峰，我一直期待着你。"我保持冷静，集中注意力继续练习，因为我知道只要自己坚持下去，就一定会进步，然后到达另一个时刻："啊，下一个高峰，我也期待着你。"我清晰地认识到，只有达到一个高峰之后才能得到提高，这意味着即使我遇到阻碍了，也会有成就感，因为我知道自己正在走向成功。

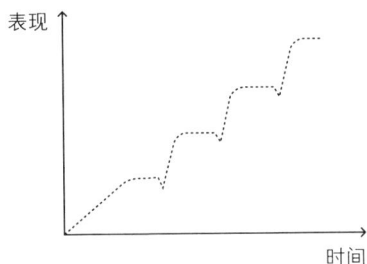

图1-4 大师

小贴士：

等你体验过这三种身份后，请你想一下自己经常表现出哪种身份。在生活的不同领域，你能掌控这三种身份吗？

○ **练习**

焦虑者

如果你对失败的恐惧贯穿于日常生活中，那么我来向你介绍一下焦虑者吧！对于焦虑者来说，他生命中的每一刻都处于担忧状态，这种状态非但不会激励他，反而会阻碍他。

焦虑是一种情绪反应，虽然有时不合逻辑，但它总是有意义的。当我与客户合作时，我注意到我最常见的担忧是如何以某种方式保障自己的安全。无论是让自己免受一些想象中的厄运，如声誉受损，还是让自己免于被终止合作，那些在担忧中想到的应对策略都是为了保障自己的安全。但有时情况恰恰相反，如果你一方面想获得安全感，一方面又不愿积极行动，这是不现实的。

本质上，你需要做的是：

第一步，用书面形式清楚地表达你的担忧。

第二步，用书面形式确定最糟糕的结果。

第三步，考虑最坏情况发生的可能性，并决定是接受，还是采取措施降低它。

第四步，立即采取行动。

通过以上四步，你就能减轻自己的焦虑了。

表1-1 焦虑者应对事件示例表

情况/担忧	可能发生的最坏情况	发生最坏情况的可能性百分比	风险等级（高/中/低）	对策
示例：顾客向你的老板抱怨你提供的服务太差	你的老板训斥你一顿后，解雇了你 你一时间找不到新工作，也无力还房贷，以致银行收回了你的房子，你无家可归	5%	低	写信给顾客道歉并抄送给老板，让他看到你正在积极解决问题，以免问题升级

态度决定一切

　　每天早上，你都可以选择带着一种什么样的情绪起床。这一决定不仅会影响你的一天，还会影响你接触的那些人。

　　生活中有些时刻，笑着起床似乎是不可能的，甚至是不合理的。在我父亲葬礼的那天，我无法想象自己能笑着起床。如果我以一种充满活力、快乐的方式到处蹦蹦跳跳，那么不难想象，我的家人一定会痛骂我一顿。

　　忠于自己真实的情感，是你做出任何选择的核心。乐观当然是一种很好的心态，但这并不意味着我们随时都会保持乐观。我们的选择通常是以结果为导向的，想要哪种结果，就去选择与之相匹配的路线。

掌握生活的主动权

你可能遇到过以失败者或受害者模式生活的人，就连你自己也可能以此种模式度过了一段时间。在那段时间里，你会听到"你让我生气"或"当你做……时，它会让我感觉到……"。如果你选择成为自己生活中的乘客而不是选择自己去驾驶，这就是你"听天由命"的时刻；如果你手握方向盘，朝着自己选择的方向驶去，你会稳稳地坐在驾驶座位上，这就是你"改变命运"的时刻。

"听天由命"意味着，你相信并接受别人控制你的世界和你的感受，并且无法改变它们。

"改变命运"意味着，你选择自己坐在驾驶座位上，你相信自己在生活中创造了事物，这也代表无论在什么情况下你都可以改变它们。

现在，这两件事可能都是真的。我不是在向你推销别人对我们没有影响的想法，而是说如果让你想象你确实创造了自己的世界，那么什么可能是真的呢？如果你创造了它，那么这确实意味着你更有可能遇到想要改变它们的问题，你有能力做出改变，而不仅仅是坐视不管。

在我所做的工作中，我发现，个体常常会因为觉得自己别无选择而陷入困境，因为他已经给了别人在这种情况下主导的权力。

很多时候，有人向我抱怨："我用很多种不同的方式告诉了他，但他不能理解。"只要你有这种态度，就无法改善你的沟通。因为，你已将问题移至"收件人"，甚至都没有承认自己有问题。这的确会给你带来良好的感觉，但这不利于你解决问题。

如果你把你的回答转移到"我用很多种不同的方式告诉他，但如果他不能理解，我必须学会如何以他能够理解的方式进行交流"，那么，你的效率就会得到很大的改变。通过这种方法，你将负责沟通，并且开始寻找新的沟通方式以获得所需的结果。

> 你在生活中承担责任的那一刻，就是你可以改变生活中任何事情的那一刻。
>
> ——哈尔·埃尔罗德

○ 故事

最近，我受聘于一家大型慈善组织，并与他们的政策及品牌负责人简共事。该组织的目标是支持并考验简，激励她的团队进行必要的改革，以便与企业合作伙伴开展更多的商业合作。

人力资源总监已经注意到，与平时热情洋溢的态度相比，简变得更安静也更低调了。

当我第一次见到简时，最先注意的事情是她如何描述问题。她说："这个组织让我觉得自己被低估了。"对于简来说，促使她获得成功和实现目标的关键因素是她对自身价值的认可以及她正在发挥的作用，所以她的声明对她来说非常重要，同时也让她进退两难，因为组织掌握着所有的机会和选择。

在我们共同努力的时候，简遵循了最初的信念——"我做出了真正的改变"，并补充道："我接受了工作中的文化限制，我的老板不是一个富有表现力的人，只要有机会，我就可以选择离开，也可以在工作之外满足我的创造性需求。"

我们探索的关键领域是查看她原始声明的开头——组织。组织太抽象，无法进一步分析，所以我需要问清楚组织具体指的是谁。对简而言，这指的是老板约翰和总监马丁。简将事情归结到这两个人身上，就能看清现实，并能站在他们的立场上来考虑问题。她觉得约翰是一个封闭且自私的人，这让她明白不管她在工作中做了什么都不会有改变。这也意味着简能够探索什么对她来说是重要的，是必须做的，这样她才会觉得自己有价值。她意识到自己的价值来源于创造力，而在过去，这源于她几年前停止的爱好——绘画。她还发现自己关注的焦点是约翰和马丁没有回应，这意味着她没有注意到其他团队成员和公司客户对她的工作的正面回复和评论。

最后，简调整了心态，通过疏通自己与约翰的关系并询问他的想法，以及通过拓宽她对"工作做得好"的衡量标准，认识到自己有选择，从而控制了局面。

○ 练习

时间选择

思考一下你大部分的时间都花在哪里。

你是否活在事业中，并对生活中发生的事情真正承担责任？你更喜欢这个世界还是觉得自己受够了？你目前的生活方式对你有帮助吗？如果你的事业蒸蒸日上，你会有什么不同？

如果你真的想做出改变，那么从分解事情开始，问问自己——我想要什么？我到底想要什么？如果我能拥有一样东西，那会是什么？我想怎样进步？我的下一步是什么？

态度可以改变天赋与学习

作为一个蹒跚学步的孩子，你会通过反复尝试—吸取教训—总结经验来学习。你会把食物从高高的椅子上扔下去，听它掉到地板上的声音，以测试看护者的反应。虽然你不知道重力这个概念，但是你肯定在充分利用它。

随着我们的成长，我们学习的方式并没有改变，只是变得更加复杂了。我们一生中存储在大脑中的重要经历不一定很多或是很清晰，它可以是安静和隐秘的，以备日后参考。

如果你成长于一个妈妈怕狗的家庭，那么你的生活中最好没有狗，在最坏的情况下，作为参考，你会对狗有恐惧的反应。当你走在街上或穿过公园时，一旦发现自己走的是不同的路，便会感到恐惧。这并不是因为你有糟糕的个人经历，而是因为你信任的人教会了你当狗在身边时该怎么做。在工作场所和某些类型的人在一起，就像在公园和狗在一起一样。谁是那些连试都不试就能定位自己角色的人？是出于对办公室里"大男子主义"的防御，还是对合作型的人感到恼火？注意你的习惯性反应，知道它们只是"习惯性"地会为你带来真正不同的视角，让你可以选择做一些不同的事情。

研究表明，当你出生时，通过对你身体中特定化学物质的测试，可以判断你是悲观主义者还是乐观主义者。从这一点上，你可能会想：好吧，我的态度已经被确定了……但事实并非如此。随着经验的增长，我们的神经系统也发生了变化。我注意到，悲观在西方社会是受到重视和鼓励的。

当我们生活在一个充满危险的世界时，悲观主义可以起到警示作用。如果走出家门，你可能会被动物吃掉或是受到某种形式的攻击，那么，打开门期待这些，并准备好做出反应来保护自己和家人将是一件好事。只是如今，我们几乎没有什么身体上的危险。我们的危险大多是源于心理上的，所以，我们产生悲观的想法可能有点不正常，需要及时改善。对于一些人来说，悲观的想法实际上是成为现实主义者。如果我们相信自己必然会经历出生—奋斗—死亡这样一个过程，那么没有什么会让我们失望。这有很大可能是真的，但是，如果研究表明乐观会让你更快乐、更健康、更成功，那你为什么不想要乐观一些呢？

我想清楚地表明，当我谈到乐观时，我并不是在谈论"快乐的拉拉队"。没有什么比总是阳光灿烂、兴高采烈，并意识不到自己对他人造成影响的人更加让人恼火的了。

生命如同花园一样，也有杂草。我不是说我们可以站在"生命花园"的外面，对着花园说"没有杂草"或是说"天啊，看看那些丑陋的杂草，春风吹又生，占据了整个花园"，这种选择并不能带来特别的激励和满足感。我们要改变态度，站在花园里看到杂草和鲜花，就穿上一双雨靴，拿上一把铲子，去清理杂草，这也许是最好的结果……或者让园丁四处采摘一些鲜花来装点你的花园。没有一种方法是错误的，我知道我更喜欢和谁住在一起。

如果你认为乐观的生活也适合你，那么重要的是要记住，积极的态度是把逆境视为一次性的和暂时性的，而不是普遍性的和永久性的。这关于你的"解释风格"，这是你解释周围世界的习惯方式，尤其是逆境。你可以将（好的或坏的）事件解释为一次性的或普遍性的。比如第一次驾驶考试不及格，你可以把它看作一次性事件，它并不意味着你总是会考试不及格。

"解释风格"的另一个维度是暂时性的或永久性的。例如断腿，你可以选择将断腿视为暂时性的，而不是永远无法治愈的。同样的思维模式会产生作用，如你没有得到你申请的工作，或者发现你没有得到期望的晋升机会，这关乎多久你会重整旗鼓。无论是在公司还是在家，你向自己解释事情的方式都会有所不同。

记得几年前，我读过一篇文章。一名记者和一名心理学家采访了一所监狱死因牢房中一名男罪犯的儿子。这名男罪犯有两个儿子，一个儿子因与暴力相关的违法事件而被监禁，另一个儿子是社区教会的牧师。两位采访者感兴趣的是，生活在同一家庭环境中并由同一位有暴力倾向的父亲抚养的两个兄弟，是如何走上这样不同的道路的。采访结束回顾笔记时，记者注意到，很有意思的是，两个儿子在回答"你是怎样成为如今的你"时，回答了同样的一句话："好吧，你会对这样的父亲有什么期待呢?!"

一切都在态度上。

○ **练习**

灵活运用"ABCDE乐观训练法"

学会更加乐观可能比你想象中要容易得多。我很快就发现了一种让乐观成为习惯的技巧，那就是积极心理学之父塞利格曼提出的"ABCDE乐观训练法"。

假设我正在去面试求职的路上。我为这次面试买的一件新衣服褶皱得相当厉害，因为没有时间整理，所以我不得不以衣服皱巴巴的状态参加面试。(adversity，即逆境)我相信，在这一点上，面试小组会对我印象深刻，并一致认为我对自己的外表毫不在乎，我无组织、无纪律，不尊重他们的组织，也不尊重他们做出的努力。

（belief，即信念）这种信念的结果（consequence）就是，在我进入房间之前，就已经处于一种失败的状态。我有可能以这种心态得到这份工作吗？不可能的！

逆境（adversity）

信念（belief）

现状　　　结果（consequence）　　　变化

质疑（dispute）

增能（energization）

图 1-5　ABCDE 乐观训练法

现在，是时候质疑（dispute）这种信念，质疑对逆境的思考方式了。想想还有什么可能是真的。因此，这可能是一个谈话点，一种在面试前与等待区的小组建立融洽关系的方式。

也许他们也有过类似的衣服褶皱的经历，也许衣服的亚麻质地会让他们想起自己上次的度假，也许会有许多其他可能……关键是，一旦你开始考虑替代结果，你的能量水平就会增加（energization），通过影响逆境后果的方式变得更有活力，你更有可能获得积极的结果……

拥有好的态度可以做成任何事

如果在看到了"你能做任何事情"之后，你脑海中出现了《英国偶像》（英国一档歌唱选秀节目，旨在寻找歌唱新星）中那些热情奔放的参赛选手的画面，那么请一定要三思而后行。你正处在一个通过广泛思考而不是关闭自己来扩大机会的空间……不要自欺欺人地认为自己是专家或者是下一个惠特尼·休斯顿！

所有曾经或正在销售领域工作的人，都有可能在许多培训课程中与你们分享亨利·福特的名言："无论你相信你行，还是不行，你都是对的。"以一辆黑色汽车为例，在大规模生产的理念下，实现"让创新为平民百姓所用"，这才是真正的信念。它改变了世界！

实现任何目标都需要灵活的方法和100％的责任感。掌控自己的生活，并坦然承担后果，这需要你具备强大的力量。

○ 故事

你可以从不同的地方获得灵感和榜样。比如，从第二次世界大战的集中营幸存者，甚至是我的海伦姑妈那里获得灵感和榜样。

幸运的是，我们大多数人都没有经历过像维克多·弗兰克尔那样黑暗或极端的生活，但我们可以从态度如何影响我们的生活中学到很多东西。

维克多·弗兰克尔认为，他比其他俘虏更有选择权。他承认自己无法控制他们的行为，但他知道自己可以选择如何回应。即使在最黑暗的日子里，这个不被当作人来对待的男子也选择对每个狱警做出回应，就好像他们一直是有着自己的希望和恐惧，喜欢和不喜欢的人。

在如此恶劣的环境中，维克多·弗兰克尔的决定和态度帮助他活了下来，后来他成了一名鼓舞人心的作家和老师。

现在，让我们来看看海伦姑妈的故事。这虽然不是一个戏剧性的故事，但可能更容易让人产生共鸣。

小时候，我们去海伦姑妈位于康沃尔的平房里拜访她。因为和姑妈一起洗盘子非常有趣，所以我们常常聚集在厨房。姑妈在洗盘子的时候和我们分享了许多家庭故事，正是故事带来的欢乐让我们大家都觉得洗盘子很有趣。多年来，当我面对一项单调的任务时，想到这一点让我敢于自我坚持并激励整个团队。

我们身处知识时代

有人说我们现在生活在知识时代，如果你把我们所处的时代与制造业时代、工业时代或者以农业为经济支柱的时代进行比较，就会发现确实如此。通过环游世界我们可以认识到，我们对自己所处时代的看法在某种程度上取决于我们出生的国家，甚至我们的经济状况。

知识时代是我们所处的时代。知识就围绕在我们身边，无处不在。事实上，我们中的一些人花了很多钱来摆脱它，我当然也曾和一些高级管理人员一样严格要求自己不要顺从它。

某品牌手机来电时那闪烁的蓝色呼吸灯，或者某品牌手机发出的铃声，比如"有人找你""有人需要你""有人有话要对你说"……这对某些人来说很有吸引力，会让他们上瘾。

哪条河最长？伦敦千禧桥附近的那所学校的名字是什么？谁赢得了1970年的世界杯？针对这些问题，我们曾与朋友们没完没了地展开有趣的讨论或有说服力的争论，但那样的日子已经一去不复返了。现在，我们可以在几秒钟内知道答案。今天成长起来的一代人，可能永远不觉得有必要踏进图书馆，当然也不会像我记忆中那样去做研究。我猜，学习杜威十进制图书分类法可能已经不在学校的教学计划中了。

当今，知识比以往任何时代都更容易获得，并且可以快速和创造性地获得。无论是你学习了多长时间，还是你拥有它后如何使用，拥有知识并成为终身学习者是一种乐趣，也是一种选择。拥有知识，可能会成为人们在组织中变得更加强大的方式。

曾经听过有人说"知识就是力量"。但是，对于在日常生活中如何运用知识，我并未抱持一种健康积极的态度，而在工作中如何运用知识，我更是消极对待。

我注意到那些掌握知识的人有时会散播不利于人们学习的言论，比如太难学或学了也没什么用。这真的有些奇怪，因为对于我来说，如果我热爱学习并获得了新的知识，为什么我不想分享它呢？对权力和安全的需求是我遇到的两个常见的原因。

对权力的需求通常来自恐惧。"如果我的学问不够高或比其他人更高，那么我的价值是什么——我会被孤立。"它也可能是因为害怕失败、出错，或者被认为不是最重要的。当我与组织中的领导者合作时，这种恐惧往往是微观管理或被视为缺乏战略思维等行为的核心原因。克服恐惧，你就能放开手脚，随之你就能改变自身的态度。

回顾过去，在你的生活和职业生涯中，某些特定的人会对你的选择和前程产生重大影响。在那个时候，可能这些人看起来很渺小，甚至微不足道，可能还有一些人你知道他们会改变你的生活。所有这些都会让你朝着某个方向前进。

○ 故事

说起知识与态度，我能想到的最佳事例是我在职业生涯中的那个转折点。那时，我已经成功受聘于某国际机构，在其商业部门担任项目经理（这听起来就如你想象中那般令人兴奋）。但是，我认为在金融界做审计工作并不能发挥我的优势。

对于商业部门的主管来说，雇用我其实没什么风险，因为这份工作与我以前的财务及结构化运营方式相一致（我做起来得心应手）。除了做好本职工作之外，我还为与公司合作的律师、买家和生产商提供咨询服务，让他们在与公司进行业务沟通时毫无障碍，并帮助他们打开了人际交往与谈判世界的大门。

18个月后，我想花更多的时间帮助他们提高业务能力。这样做，对他们和公司都有好处。

人事经理的职位是在公司内部发布的，乍看之下，我想：不，人力资源团队不可能让一个没有任何相关经验的人担任这个职位。

然后，我想到了亨利·福特和他的那句"你相信自己，你就行；你不相信自己，你就不行"。他坐在励志演说家兼作家托尼·罗宾斯旁边，后者大声喊："感受恐惧，无论如何都要去做。"而我的老师罗宾逊先生说："只有尝试了，你才会知道……"

人力资源团队是我梦想中的影响力团队，他们非常强大。所以，我去应聘了，并和招聘经理迈克取得了联系。

直到今天，我仍然欠迈克一份人情。如果他没有抱着"知识比态度更重要"的信念，我可能永远都没机会进入自己热爱的个人发展领域。面试后，他对我的评价是，一个乐于接受挑战的快速学习者，能够在他需要团队履行职责的时候跟上进度。

那一天，迈克是一名真正的老师，他相信个体的才能，并给了某人（我）成长及发挥潜力的空间。

现在，我已经有了超过5000个小时的辅导和培训经验。我把迈克秉承的这种信念当作指导我的核心原则之一，这意味着很多人的生活也由此发生了改变。谢谢迈克。

你能够改变的人只有你自己

尽管在生活中，我们出于这样或那样的原因总是试图改变别人的行为，比如你受到怂恿或是迫不得已或是势在必行，但是你必须明白"你唯一能改变的人只有你自己"，这样你就可以节省大量的时间和精力。你还要明白，无论改变什么，都需要具备两个关键因素：一是有意愿，二是有能力。

因此，如果有人阻碍你取得成果，那么他既要有这种意愿，也要有相应的能力。没有这种意愿，什么也不会发生。一种更有效的方法是改变你自己，以及你的行为。

我感受到了当我们做出改变时可能产生的力量。虽然我不确定镜像神经元能否激发人类融入社会的渴望，或者让我们从小就拥有模仿、学习的能力，但是我确定"你变了，世界就变了"这则谚语无比正确。

○ 故事

我一直在与一位致力于媒体事业的客户琼合作。琼就职于某国际机构，正在为晋升为高级主管做准备。琼面临的挑战是，由于老板亚当身患重病，管理团队一方面要预防亚当不得不离开机构去接受长期治疗的情况，另一方面要让琼留在团队中以降低机构的运营风险，所以琼只能待在当前的岗位上。

机构中的人都知道，亚当很可能在18个月内选择退休，与此同时，他还要经营另外一家公司。

在与琼的合作中，我们发觉她正在流露出得不到晋升的挫败感，这对她的声誉会造成一定的损害。我们也意识到，承诺"亚当的职务迟早会交接给琼"可能是出于善意，但更可能是为了避免当前的冲突。

琼的第二个晋升机会是借调，这将使她在晋升方面偏离正轨，但有助于她在短期内保持稳定，以恢复她的声誉。

所以，琼必须考虑她究竟想要什么。是在当前紧张的局势下继续等待，观察亚当的情况，还是理智地争取偏离正轨却稳定的借调，抑或是干脆离职？

对琼来说，关键时刻到来了，她突破了"这不公平——我现在应该得到晋升，他们应该解决亚当的问题"这一心理障碍，并坦然接受了决策层想尽快平息冲突的办事风格。一旦琼想通了这些，她就能看得更清楚了，也不再纠结。接下来，她制订了一个既符合自身需求又对机构有利的计划。

琼改变了自己，这为她做出更好的决定、进行更好的选择创造了空间。

○ **练习**

镜像神经元——感知位置

现在，请你想象一段关系，在这段关系中，沟通要么奏效，要么不起作用。无论是哪种情况，你都要确保自己想深入了解并做出改变。

无论是在你的脑海中，还是在现实中，准备好坐在不同的座位上，从不同的角度看待问题。

当你坐在椅子2上时，你就可以充分了解你想成为的那个人的状况。如果他无精打采，你也会无精打采；如果他双臂交叉坐着，你也会双臂交叉坐着。无论他做什么动作，你都会重复对方的动作。

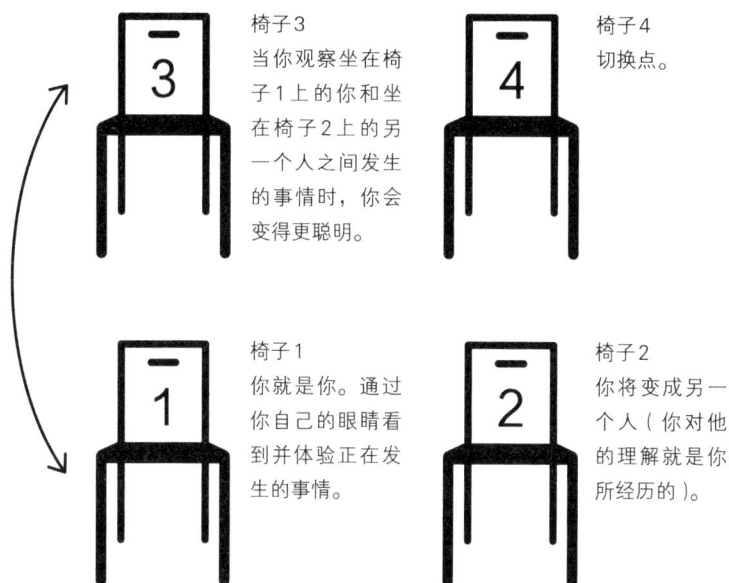

椅子3
当你观察坐在椅子1上的你和坐在椅子2上的另一个人之间发生的事情时，你会变得更聪明。

椅子4
切换点。

椅子1
你就是你。通过你自己的眼睛看到并体验正在发生的事情。

椅子2
你将变成另一个人（你对他的理解就是你所经历的）。

图 1-6 在不同的座位上看待问题

步骤：

1. 坐在椅子1上看椅子2，问问你自己："我正在经历什么？"注意你身体的感觉以及其他感觉。你有什么想法和感受？

2. 移动。

3. 坐在椅子2上，成为你想成为的那个人。像他那样坐着，并回头看坐在椅子1上的自己。像之前那样问你自己："我正在经历什么？"注意你身体的感觉以及其他感觉。你有什么想法和感受？

4. 移动。

5. 坐在椅子3上，成为一个更成熟、更睿智的你。看看椅子1和椅子2上发生了什么。问问你自己："你对那边的情况有什么看法？""你想对他（她）说些什么？"

6. 坐在椅子4上。想象一下你在椅子3和椅子1之间互相切换。

7. 坐在椅子1上，看着椅子2上的你，问问你自己："现在有什么区别呢？"

8. 坐在椅子2上，看着椅子1上的你，问问你自己："现在有什么区别呢？"

9. 回到椅子1上——恢复你原本的样子。

很多人发现上述步骤在重复多次之后仍然有效，而其他人则发现多次重复上述步骤会获得更加清晰的信息。这通常意味着此段关系长期存在或者你进入了情绪高涨的状态。如果你在椅子3和椅子1之间切换之后再重复多次，效果会更好，也会更受益。

接受与放弃不是一回事

通过接受一些东西，你给了自己更多的选择，但这并不等同于软弱。你是在表明立场，承认事情已经到了什么地步，并对此采取行动。有意识地选择接受一种行为、一种情况或一种现实，意味着你可以选择如何更好地管理你的精力，并把你所有的精力都用来解决它，而不是让它控制你。

○　**故事**

记得我还在公司上班的时候，常常会被愤怒、沮丧的情绪困扰。我的挫败感主要来自我的上司——人力资源总监，他总会指出我在任何一场董事会上精心准备的演讲中的不足。每当这个时候，我往往会耗费大量精力将情绪隐匿在心里，用看似理性但比较敏感的方式做出回应（对上司大喊大叫或者因为挫败感而号啕大哭，这很有可能会限制我的职业发展）。

我发现，每当我得知自己需要就某个特定主题发表演讲的时候，甚至会在开始之前就害怕不已（这绝对不是保持清晰思路或是创意的最佳状态）。所以，我后退一步，对自己陷入的这种状态嘲笑了一番。这只是在那一刻对我起到了些许作用，但是无法彻底解决我所面临的这种问题。我希望自己能够放松而且呈现出最佳的工作状态。接受并理解是我进行可持续改变的关键。

我意识到，对于我的老板来说，他有理由对我评头论足，这与我所生产的产品的质量无关（无论如何，至少大部分时间都是如此），与他的理由有关，因为他需要证实自己的存在是有价值的。他作为一个有干劲的人，需要不断增加自己的价值。自从加入董事会后，他便发现自己的价值已经不再明显——这是人们无法直接用肉眼看到的，因为他是通过自己的想法或是团队来实现价值的。

所以，每当他检查我的演讲内容时，我都会送给他一份礼物——这份礼物让他感觉到自己正在发挥实际作用。当我在董事会团队会议上发表演讲时，人们会听到一些他经历过的事情。一旦意识到上司的这种检查行为与我无关，我不仅能够接受它是上司的怪癖之一，还能够通过提供机会来帮助他感受到自己的价值。

　　我不需要改变任何事情，只需要用不同的方式来思考。我和上司之间的关系马上就得到了改善。这样，我在他身边工作也就能得以放松，配合起来也更加高效……对我来说，这同样减少了我工作之外的精力损耗。

慎重选择是否开战

在生活和事业中，我们会发现，某些时候自己处于某种冲突中。这种冲突可能是你与另一个人战斗，也可能是与自己战斗。无论哪种形式，我们都有可能会忽略这样一个事实：对于每次战斗，其实我们都可以选择是否参与。我们有能力在事情发生时选择该做出哪种反应，而不是立即战斗、逃跑或僵住。

只要与他人互动，无论是在学校操场上和别人的父母在一起，还是在家里和伴侣在一起，抑或是在公司中和同事在一起，我们都可以表达自己的观点或者提供帮助，而且有机会改变一些事。

你是否经历过我所说的"情绪失控"呢？当某件事在你身上被触发时，这意味着你百分之百地放大了某件事或某个人对你的影响，并会激烈地表达你的观点。从赢得战斗或是得到你想要的东西的心理来说，你无疑受到了强烈的刺激。有时候，我们会忽略它造成的附加伤害，但在这个过程中它可能会对人际关系造成伤害，或者更确切地说，它会直接对人的生理或心理造成伤害。

我们的情绪与生理机能与生俱来就有关联。我们的思维也许存在细微的差别，因为每个人都是独一无二的个体，但我们的反应模式也许比我们能够意识到的更加相似。下一次当你感受到负面情绪时，请留意一下你的视觉。像愤怒这样的负面情绪往往会对视觉产生影响——我们的瞳孔会缩小，会减弱观察周围事物的能力。

在我们仍需外出寻找食物的年代，这项能力非常有用。猎物就在眼前，当我们举起手中的武器时，肾上腺素会飙升，视力会更加集中地锁定目标，然后投出矛或是射出箭。如今，虽然我们在逛购物场所时不需要这样的专注力，但是当我们进入能刺激肾上腺素分泌的环境中时，大脑就会产生同样的模式和反应。如果缺乏观察周围事物的能力，我们可能会非常危险。由此可见，知道自己有选择，可以利用身体及生理机能来控制自己的情绪，无疑是件好事。

在交通警察的高速驾驶训练中，我们可以充分体会到观察周围事物的重要性。假如你被派去处理紧急事件，从警灯亮起的那一刻起，你的肾上腺素就开始加速分泌。如果你的精神高度集中，那么你就不会再注意到人行道上的行人或车道上的汽车，而是会专注于眼前发生的事情。模拟这项训练的一种方法是，想象车辆外的每个角落都有一个网球，并保持对它们的关注。通过这个简单的方法，你就可以做到在保持专注力的同时保持驾驶速度。下一次开车时试试吧——它可以帮助你控制路怒症，让你保持在限速范围内，而且很有趣。这是双赢！

○　练习

演示者状态

如果你想练习在压力之下用生理机能来控制自己的情绪反应，那么演示者状态就是一项很实用的简单练习。你也许是为了下一次能在工作中发表意见而专门进行练习，或是和孩子在一起的时候用它来保持冷静。无论出于哪种原因，练习、练习，再练习，之后你就能发现自己的变化。

拿出一张 A4 纸，在上面画一个黑色圆点。然后，把它贴在 4 米外正对着你的墙上，与你的视线齐平。

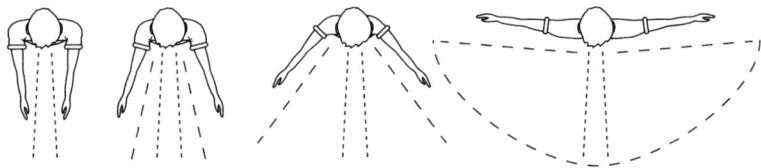

图1-7　周边视觉练习

双脚分开，与肩同宽，深吸一口气，盯着那个圆点。此时，留意你能在视觉内的周边看到什么。

将双手向前伸展，掌心相对，与肩同宽，随后向两侧缓缓摆动手臂。盯着那个圆点，继续向两侧缓缓摆动手臂，最后让双手与双肩保持在同一条直线上。在这个过程中，留意你的视野是如何扩大的，以及你能在视觉内的周边看到的所有事物。

通过这项练习，你可以培养出在必要的时候切换到演示者状态的能力。好消息是，你无须随身携带画有黑点的纸就能做到。

掌控你能做的，然后放手去做

接受你无法改变的事情，鼓起勇气去改变你能够改变的事情，并足够明智地认识到这两者之间的不同。当生活变得忙碌或是你发现自己处于压力之下时，你会禁不住诱惑，重新回归自己喜欢的、习惯性的生活方式。你可能不会花时间去留意自己有哪些选择，哪怕只驻足一秒钟去留意什么才是最好的行动。

○ **故事**

刚成为自由职业者的时候，我很幸运地加入了一家国际知名制药公司在伦敦办事处组建的团队，担任培训公司骨干的职务。

我的培训计划中有一部分是关于团队适应力的，除了考察其他内容之外，还会考察作为团队中的个人要如何处理和应对压力。

在考察开始之前，就有人提醒我说，在一个特定的团队中，如果谈到工作压力的话题，很可能会有相当多的人将关注力放在办公地址及配套设施上。

任何开车经过或是参观过这家公司所在的办公楼的人，都会注意到这幢建筑的巨大规模。这项梦幻般的设施里面有一间室内健身房、几家餐厅和一家便利店，称得上是大楼内部的商业街了。因此，这家公司近期搬迁的可能性很小。

为此，我重新评估了我采取的考察方式，以确保团队成员能够获得最大的收益，而不是花费数小时谈论一些不切实际的事情。

下面的练习对你非常有帮助。我不打算解释与此相关的理论，框架就在下面，希望你能试一试。拿起纸和笔吧！

○　练习

压力分类

1. 列出你目前面临的压力。它们可能包括：工作不稳定，照顾家庭和孩子的责任，在家里学习并了解最新情况，预算紧张和资源有限，工作节奏日益加快，需要快速决策，接连不断的重大变化，在工作中掌握一项新技能，提高工作效率的经济要求，双职工家庭，照顾年迈的父母……这张清单并没有涵盖所有的压力。

2. 既然你已经列出了你所面临的压力，那就让我们开始对它们进行分类，以便你更好地理解它们。将这些压力填入表格中，可以一边填写一边补充。

3. 对于你来说，哪种模式或是哪些区域更普遍？有没有哪一项所填的内容更丰富？

4. 决定接下来做什么。对于不可控压力，如何接受它们或是以不同的方式回应它们？对于可控压力，你想要改变什么？是什么在驱动内部压力？你可以与指导员（导师）一起重新对它们进行界定。

表1-2　压力分类表

	可控，可以减轻/消除	不可控，但可以改变应对方式
工作压力		
非工作压力		
内部压力		

CHOICES

第二章

你的内心团队正在主导一切

your inner team is running the show

每个人的内心都上演着很多不同的角色——你的内心团队。

　　让生活在不同环境中的形形色色的人变得完全一样，无异于天方夜谭。事实上，你甚至可以说，要是你真的和别人一样了，生活将变得相当无聊。

　　到目前为止，你已经遇到了大部分内心团队的成员，只不过你以前从未往这方面想过。你也许分析过自己的个性，以及在不同的场合中与不同的人相处时的方式，但是你不认为自己可以控制这些个性，或者有意识地调动内心团队。

人人都有多面性

通常，当你开口说话或是产生某种感觉时，你的内心团队就会变得清晰起来。"我既想做……又想做……"所以，对你来说，也许你心里那个"健身狂"决定去健身房，而那个喜欢社交的"聚会狂"则希望下班后和同事一起去随意地喝几杯。

如果你是一个一维的人，那么无论从哪个角度看，你的生活都是平淡无奇的。了解你的内心团队中有哪些角色以及你个性的所有不同方面，你将拥有更多的选择，从而让你的行为更有自主性。

如果你的任务是召集最好的团队来完成一个特定的项目，那么你需要做的第一件事就是确认有哪些人员可供选择，然后你要更多地了解他们的优缺点、动机、需求和欲望。为了找到最适合的组合，并且确保能够激发团队的潜能，你要更好地了解他们。你要了解哪些人适合在一起工作，或者在哪些问题上可能出现冲突。

你的内心团队也是如此，只不过你没有学习如何管理自身个性及其方方面面的课程。令人遗憾的是，只有在出现了问题之后你才会关注这个领域。当你处于危机中或者有心理健康问题时，你的应变能力才会得到检验；当你得过且过或者把事情做得很好时，你却很少关注这种能力。在存在内心挣扎的地方，你经常会进行自我否定（即使那些看似成功的人也不例外）。

○ 故事

几年前，我的一位朋友安妮向我寻求帮助。她一直在纠结要不要离开音乐行业。在20多岁到30岁出头的那段时间里，她很喜欢不断开发自己在音乐上的天赋，但是过了35岁，凌晨3点才收工的生活方式已经不再像过去那样让她觉得有趣了。她渐渐意识到是时候对职业做出改变了，但是那个爱玩的、顽皮的她却不想放弃这种生活方式。

当我们谈到安妮面对的真实情况时，她开始意识到，于她而言，内心的挣扎其实是如何平衡安全感和乐趣。两个"安妮"都希望自己获得安全感和乐趣。"职业安妮"希望自己能够在职业道路上再向前迈出一步，迈向财务安全，从而在以后的岁月中生活舒适，但是"顽皮的安妮"希望自己能够活在当下，享受每一刻。如果不讨论安妮的内心团队，也许就无法理解，其实我们可以在两者之间达成妥协。

安妮的解决方案是不离开这个圈子，但必须以创造性的新方式利用现有条件维持薪资水平，不再熬夜，继续享受音乐的乐趣。

○ **练习**

你的内心团队中有哪些成员？

体验这项练习带给你的乐趣。放松、享受……

上一次探索次人格的时候，我正和我的好朋友、心理学家吉姆在苏格兰。我沿着湖边散步，同时思考着他对我的内心团队提出的问题，并试图理清思绪。

你会发现，找到一处能够对你产生同样效果的空间——当地的公园、海边、家中的花园或是工作场所的休息区——是十分有用的。无论身处何地，你都要确保自己在探索的过程中处于放松的状态。

记录下你脑海中浮现的第一种次人格。为了帮助你完成这一点，想一想你在不同场景中的表现：

・当你在家里，在公司里，在户外时，有何表现？

・当你的内心产生冲突时，哪些部分存在冲突？

・当你与特定的人群——你的家庭成员、某些朋友、老板、团队等在一起时，有何表现？

·你会陷入的普遍的情绪状态：焦虑、狂躁、幼稚、严肃、挑剔、担忧等。

回想自己处于某种次人格状态时的情景，记住当时你正在做的事、说的话以及有什么感受。为了更清楚地了解次人格的本质，使其变得更加清晰，可以向其提出以下问题：

·哪三个词最能描述你的个性？

·你的长相如何？

·你多大了？

·在什么情况下你会被召唤出来？

·你需要（想要）什么？

·如果给你起一个具有描述性的昵称，会是什么？

无论是以列表的方式还是以更具视觉创造性的方式来捕获你的次人格，你现在都对自己的内心团队成员有了更多的了解。你可以将它们配对，并为特定的情景选择特定的角色，或者只是知道它们在那里。无论你现在选择做什么，都已经具备更强的自我意识，这意味着你有了更多的选择。

了解你的黑暗面

没有黑暗就没有光明。没有对比，事物就会混合到看不清的程度。情绪和行为，如生气和生气的行为，经常被贴上消极的标签。在某些情况下，我可能倾向于认同，但这是间接的。

当你下班步行回家，或者在当地的公园里安静地散步时，突然遭到抢劫，劫匪把你推倒在地，并抢走你的包。在这种情况下，我想说生气的行为是健康的，因为这完全符合当时的情景所产生的情绪。然而，如果有人未能回复你的"早上好"，那么你同样程度地生气可能会被认为有点极端。

与次人格及你的内心团队合作带来的挑战是，要想真正了解团队中的每个成员，你必须对自己真诚。你还要注意并了解那些"讨厌"或"黑暗"的成员。如果他们离开了你的内心团队，那么你将难以应对生活中的艰难时刻或者与不好相处的人打交道。

如果你不能接受整个自我，就会丧失前进的动力。你可能会发现，你的黑暗面将变得更强大或更狡猾，而且它会想办法抛头露面，占据主导地位。

一维生活很无聊

想象一下你最喜欢的饭菜，回想你上次享用它时的情景。记住周围的环境，你和谁在一起？记住它的气味，它在盘子里的样子，你吃第一口时的口感……然后，想象在未来的40年里，那将是你唯一的经历，也是你唯一的饭菜。我敢打赌，你会选择一些不同的食物。在夏天，你不太可能想要一顿丰盛的炖菜，而在寒冷的冬天的晚上，冰激凌可能不太合适。所以，考虑多样性、环境因素以及你的个性时，为什么不考虑它们呢？把你原来的样子带到每一种情况下，尽管是可预测的和一致的，但那未必是你想要的。

无论是探索当地林地或尝试新的工作方法时冒险的一面，还是决定购买哪辆车或雇用谁加入你的团队时明智的一面，每种情况和角色都需要不同的视角，而你每天都有机会展示自己不同的一面。但是，你依然是你，是那个真实的人，是一切的核心，你只是展示了不同的一面而已。

我发现有趣的是，和我共事过的许多人——尤其是我的家人和朋友——只有在工作时才有可能设定目标并思考如何被别人理解，而在日常生活中，则根本不会花时间关注自己所扮演的不同角色。

这通常会出现压力点——时间和精力的冲突。例如，因为你在全职工作，所以你觉得自己不是最好的妈妈，但你从来没有真正想过一个好妈妈的内在衡量标准是什么。在开始之前，你就已经把自己置于内疚和失败的边缘了。

○ **练习**

角色和职责成功映射

为了更清楚地了解成功对你来说意味着什么，了解你所拥有的机会，你需要发掘更多的自我。想做到这一点，你应该从角色的角度来考虑。

1.回顾你的角色和职责。

想想你在生活中扮演的不同角色。不要担心它们是否完美，只要列出你想到的就好。角色的一些例子包括：

· 妻子、丈夫、重要的其他人

· 精神团体成员

· 父母或其他家庭成员

· 体育俱乐部成员

· 经理或团队成员

·护理员

·社区或学校志愿者

·家庭经理

一旦你确定了自己的角色，就把它们记录在一个便于查看的地方。

2. 为每个角色和职责设定目标。

你想实现什么？你想成为什么样的经理、朋友、父母？考虑以下问题：

·在接下来的一周里，你在每个角色中能做的最重要的事情是什么，怎么做才能产生最大的积极影响？

·什么是真正最重要且最紧急的事情？

根据你对这些问题的回答，想一想你在下周可以为每个角色完成的一到两个目标。将它们作为下周的目标，记录在周日或下周一的日记中。

你也可以从长远考虑，考虑长期结果。

3. 每周计划——安排你的优先事项。

用每周的计划代替每天的计划。在你的日记中安排一段时间，在这段时间里，你将在生活中的各个领域完成你的目标（步骤2）。只有在安排好你的优先事项后，你才能安排其他职责和活动。记得在你的时间表中留下一些空白，以允许灵活性和新的机会。

4. 在选择的时刻不忘初心。

每天都要重新审视你这一周的目标，以免偏离轨道。当新的机会出现时，对照你设定的目标衡量它们的重要性，并根据重要性做出决定。

5. 评估你的表现。

你要第一时间关注那些进展顺利的事情，并在周末评估自己的表现。你在生活中的每一个领域都实现目标了吗？你在实现目标的过程中遇到了哪些挑战？在做决定的时候，你是否考虑过轻重缓急？如何利用这周的经验让自己的角色和职责目标在下周更容易实现？

表 2-1　角色规划

角色	目标	活动	安排
1.例如：朋友	取得联系	脸书每周更新四次 打电话或发短信	旅行时，不再更新脸书 迪亚斯会在周末晚上打来电话
2.			

　　上面我举的例子看起来有些夸张，但这是几年前我亲身经历的一个真实的例子。当时我注意到，我最亲密的朋友在数百公里之外或者在其他大陆上，随着时间的流逝，可能我们几个月都不会联系，我也不知道他们的生活发生了什么。

　　在忙碌的生活中，一天比一天过得快。如果你想制订一份合理的计划，请一定对自己真诚。例如，想想看，你是天生有组织、有纪律，还是更随性？选择一个能够发挥你优势的方法，你会更容易成功。

发挥优势取得成果

我们是多感官生物，大脑通过我们的视觉、听觉和触觉接收信息并产生刺激。一旦刺激产生，我们的身体和思维就会做出反应。我们的潜意识掌控着一切，它决定了当下最好的反应。我们的身体和思维以一种整合的方式在运作，这意味着无论我们的注意力在哪里，有意或无意，潜意识都会进行调整并做出反应。

因此，如果你把时间花在自己不擅长的工作或生活上，那么你可能会发现自己在不擅长的事情上越做越好了，但代价是什么呢？我想，这不是你想要的。

我一直弄不明白，为什么在西方世界，人们觉得有必要把自己训练成一个全面发展的人。我们的教育体系是为了确保无论你天赋如何都要学习科学、语言和数学，从事体育和其他创造性的活动。这种方法意味着你可能经常会遭遇挫折，因为你不得不做一些不适合自己做的事情。

这有点像你是左撇子但被迫用右手写字一样。以前，在英国，如果孩子们用左手写字，他们就会受到惩罚——指关节会被一把尺子击打。20世纪70年代，我的哥哥在学校就经历过这样的情况。直到今天，他的笔迹看起来仍然别扭。他可以用一种能够完成交流的方式写作，但这既不美观也没乐趣，因为这种训练与他自己的潜力背道而驰。

○　故事

你可能还记得泰格·伍兹。对我而言，他的故事是一个完美的例子，能够很好地说明如何发挥优势而不是关注弱点，这才是影响结果的关键。

当伍兹还是一个非常年轻的高尔夫球手时，他的教练将大部分注意力放在了他的沙坑救球技术上。在他职业生涯的这个阶段，他的沙坑救球技术能排进美国前10名，世界排名为164名。

关注伍兹最薄弱的地方并进行训练似乎是合乎逻辑的，但这只是做了一点小小的改进，起不到立竿见影的作用。此后，教练改变了训练思路，这增加了伍兹获得奖杯和高尔夫绿夹克的概率。

新的训练重点是让伍兹关注优势，发挥天赋。因此，伍兹将大部分时间都花在了练习长射技术上，这是他极具优势的方面。教练的想法是，伍兹长射技术的准确度越高，在沙坑救球练习中花费的时间就越少。教练并没有天真地认为，在激烈的比赛中不会发生失误，他还是会让伍兹练习沙坑救球，但如果有需要，他会让伍兹从这项练习中脱离，转而专注于比赛领域，发挥真正的天赋。

21岁时，泰格成为美国大师赛有史以来最年轻的赢家，在随后的几年里，他更是连续赢得了一系列冠军。

○ 练习

了解自己的优势

为了能够将精力集中在自己的优势上，你首先需要了解自己的优势是什么。因为，我们的优势是天生而来的，我们常常把它们视为理所当然，而不会意识到它们是否适合每一个人。

我的一位老同事多年来一直从事金融领域工作，他能够快速浏览企业账目，并立即说出商业见解：高点和低点在哪里，需要关注的主题和领域是什么。他讲述这些见解的时候，你能从他身上感受到一种快乐，就好像纸有轮廓，同时还会感受到他可以清晰地看到未知道路上的所有阻碍。我可以清楚地看到这是一种力量，因为我无法做到，但对他而言，这只是他所做的再简单不过的事情而已。他对我说："不是每个人都能做到这样的事情吗？这是很容易的。"

而我的回答是："不，他们不能做到，能这样做的是真正的人才。"

第一步，记下你已经知道的那些优势。这可能是你过去让别人评论过的事情，就像上面的故事中我的同事一样。

第二步，想想你最亲近的人在向陌生人描述你的时候会说些什么。他们会给你哪些见解，让你知道他们注意到你做得最多、做得最好的是什么？

第三步，向他们咨询。你决定重视谁的意见？让他们知道你为什么会咨询他们，并让他们选择最能形容你的三个词。

第四步，相信他们，并说谢谢。

小心你的致命弱点

○ **故事**

　　最大的弱点源自过度使用优势。那是在2002年，我和我的老板一起参加一个多元化的项目，目的是了解并提高董事会及高级管理层中女性的人数。我的老板当时正在审查我最初提出的研究和成果。我请他给我提供一个男性的观点，来描述当前影响女性招聘和内部晋升的组织特征。

　　当了解了这些组织特征后，我们对其进行了分类。竞争能力是我们在市场上的商业优势之一，但它已经被过度使用，以至于造成了内耗，这其实是一种老掉牙的心态。这也意味着，作为一个组织，我们正在扼杀创造力和协作力。那些得到晋升的人通常是最具竞争优势的人，他们为了获得成功而不惜一切代价，即使这不利于长期发展或团队中的其他成员。

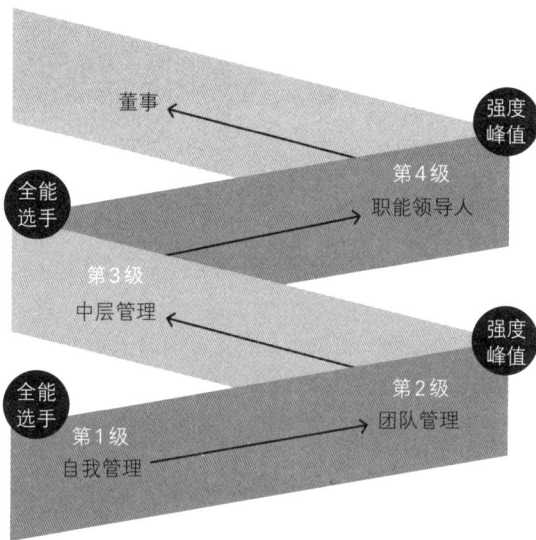

图 2-1　"之"字形职场进阶

在组织生活中，当谈到以什么样的行为方式得到奖励时，我注意到了一种模式。有时，你会因为拥有全面均衡的技能和态度而得到奖励；有时，你也会因为自己的优势得到奖励。

当你首次踏入职场时，可以通过表现自己擅长的技能来获得成功。你被鼓励成为一名优秀的全能选手，之后，晋升到初级经理的级别，进而管理团队。在这一阶段，你需要展示出更加突出的技能，成为一名优秀的人事经理。然后，进入中层管理，回到自己的领域加强技能，并再次证明自己是一名优秀的全能选手。在这一阶段，你管理的是那些拥有自身专业技能的经理。如果你想进入高级管理层，那就需要到达一个高峰，确定你的立场，展示你的优势，展示你作为领导者的优势。

○ 故事

这些知识帮助我的一位客户重新定义了自身的处境。

我的客户詹姆斯是英国一家大型零售机构的商业部主管。为了成为未来的商务总监，他的继任计划已经持续了大约4年。在继任计划上，他的名字旁边总是写着他已为升职做了12个月的准备。这4年来，他每年都有12个月的升职机会。这似乎不合常理，不是吗？詹姆斯为此感到万分沮丧。他同老板和人力资源总监正式谈论了这件事，但还是没有得到具体的答复，他迫不及待地想得到晋升，而不想继续等待12个月。

当我们一起共事时，我明显发现，詹姆斯遇到了一些障碍。

在董事会上，总监想看到的是，詹姆斯要表明自己是一个优秀的全能选手。他代表了什么，他能为高级团队带来什么？他能做好他的工作是理所当然的，我们需要的是一些能够给我们带来特别感觉的东西，而且是别人都能清楚地感觉到的东西。

詹姆斯认为董事会成员都是受教育程度很高的超级人物，有着令人难以置信的魄力和智慧，但他不是其中一员。我们现在需要做的是打破詹姆斯的观念，即他不适合当董事，因为如果他不相信自己能成为董事，又怎么能成为总监呢？

会议室站满了"没受过教育"的人

像詹姆斯一样，你们中的一些人可能会看着董事会成员或者公司高层，感觉自己处在他们的阴影之下，甚至会和同事们围坐在桌子旁边思考"我是谁，坐在这里做什么"。我真正感兴趣的是，我们当中有多少人像詹姆斯一样，认为资历只属于受教育程度最高的人，也就是那些非常聪明、几乎是超人的人。如果你这么认为，这对你的选择有什么影响？

近年来，我有幸与许多董事会成员共事。我可以满怀信心地说，他们和你我一样都是普通人。他们有不安全感，有缺点，而且并不总是有答案。他们精力充沛吗？他们干劲十足吗？他们思维活跃吗？——是的。但这是否意味着他们都获得了牛津大学或剑桥大学的第一名？不。

当我第一次进入高管培训领域时，我认为，要想在任何组织中占据顶尖位置，至少应该拥有大学学历，而且早年受过良好教育。

这是一个先入为主的想法，意味着我会经常坐在会议室里等我的客户，并对着自己微笑，想着"要是他们知道就好了"。

十几岁时，我对教育的选择更加坚定了我的信念（作为一个浪漫的康沃尔女孩，我曾因为恋爱退出了 A 级考试）。随着时间的推移，我的信念受到了挑战。

和我共事的人越资深，我就越注意到三个经常出现的主题：

1. 和我共事的大多数人像我一样年轻时没有正式毕业，他们回到学校是为了在以后的职业生涯中获得专业资格。

2. 他们中的一些人和我有类似的想法："如果他们知道，他们会怎么想？"——欺诈综合征。

3. 他们的思维方式和商业方法更有活力、更灵活、更有创造力，而不是僵化和固化的——关键是获得结果，而不是实现目标的途径。

研究表明，超过66%的总监是内部任命的，53%的总监没有接受过大学教育。

大多数职场人员向我咨询时最常见的一个问题是，当他们碰到所谓的职业升迁的无形障碍时不知该如何选择。这可能是指某个人在高级别的职位上遇到了一段时间的障碍，但始终没能跨过去。这或许是一种支持，有助于快速跟踪组织中潜力巨大的人。

两者有一个共同的特点，那就是那些没有上过大学的人常常需要秉承着教育信念工作。有些人可能在成年后才获得专业资格证书，甚至是学位，但在考虑教育问题时，他们身上的某些东西似乎仍在与自己作对。在最坏的情况下，它可能是被动或侵略的性质，并以一种咄咄逼人和执着的方式表现出来。这些行为可能在他们职业生涯的早期阶段起到了很好的作用。在他们的组织中，在某种程度上，这可能被视为年轻时的动力和决心，但后来它停止了，令人困惑的是，它不再受到称赞。

想象一下，你是多达十二名的高管中的一员，当前你正在招募人员，你是愿意接受固执己见的人，还是愿意接受虚怀若谷的人？

○ 故事

当我在一家国际援助机构与莎拉一起工作时，作为人才培训项目的职业教练，我发挥了自己的作用。

很明显，莎拉是一个成就满满的人，拥有一切必要的技能和经验。按照常理来说，她应该得到领导的青睐，但相反的是，这种事情并没有发生在她身上。该机构曾告诉她，她具备晋升所需要的条件。但近年来，她在任命方面一直被忽视，这让她对该机构的道德操守感到沮丧和不信任。

在一起工作的这段时间里，我们找到了莎拉无法得到晋升的根源，包括她对"受过教育"的人的情感反应。原来，她对自己在十几岁时的失败以及被拒之门外的经历始终有一种内在的愤怒。尽管她后来在自己的领域中成为资深人士，但在其潜意识深处仍隐藏着这些不满。

为了帮助莎拉释放这种情绪，我们使用了下面的技巧。事实上，问题出在她的身体里，而不是她的头脑里，所以莎拉本可以继续获得更多的知识，认为这可能会填补空白或者解决问题，但是她一直在错误的领域寻找问题所在。

○　练习

解读你的消极信念

如果你想在生活中变得与众不同，那么这项练习可以为你提供帮助。它适用于99%的想要改变的人，而对于另外1%的人来说，则需要多尝试几次。只要你真的想改变，它就会适用于你。

莎拉的信念似乎是在无意识中形成的，所以我们需要从生理学的角度来理解她是如何在大脑中编码这种信念的，而不是去推理。聪明的她完全理解正在发生的事情，知道什么需要改变，但是她无法释怀……这好像是天生的，没有其他选择。

你的大脑非常擅长整理信息，并且有一种利用视觉、听觉和感觉元素来分析信息的方法。这能让你立刻知道一件事是好的、坏的还是无关紧要的，也能让你知道一件事是真实的、不真实的还是可疑的。

下面是这些类别的清单，你可以开始规划自己的编码，然后根据需要更改它。把清单放在面前，想出一个你现在持有但又希望自己没有的信念：做兼职的人永远不会得到晋升，40岁以后你就不再有吸引力，阅读障碍意味着你不适合在公司工作，没有学位会让你变得愚蠢……其中的可能性不胜枚举。

现在，你的信念是想让自己变得与众不同，那就问问自己下面的问题：

1. 当你想到这个信念的时候，你心中有画面吗？

2. 使用检查表上的第一项（视觉），引出细节，例如，它是彩色的还是黑白的？

3. 接下来，想想你过去认为正确但现在对你来说已经不正确的事情。例如，10岁时，你相信圣诞老人是真实存在的。当你思考那个过往的信念时你有画面吗？注意它的位置，并确保这个画面与之前的想法是分开的，这样你就可以清晰地集中注意力。

4. 使用检查表上的第二项（听觉），引出细节，例如，声音的音高是多少？

5. 现在，把那些不想要的信念的细节更改为不再真实的信念。

6. 认真测试它，问问你自己："现在我对这个过往的信念有什么看法？"

7. 接下来，巩固和创造一个新的信念——对你来说绝对正确的信念。例如，相信明天太阳会升起，或者相信生命在于运动。当你思考这个信念时，你有画面吗？

8. 使用检查表上的第三项（感受），引出细节，例如，画面稳定吗？

9. 问问你自己，你愿意相信什么，而不是你过去的信念。当你思考这个信念时，你有画面吗？

10. 把新信念的细节更改为对你来说绝对正确的信念。

11. 测试它——问问自己："现在，我相信什么？"

表 2-2　画面检查表

画面细节	1	2	3
视觉	你能想象出画面吗？		
彩色还是黑白			
近或远			
画面大小			

续表

画面细节	1	2	3
位置			
对焦或不对焦			
动态还是静止			
对比度（高/中/低）			
3D 或平面			
框架式或全景式			
明亮或暗淡			
视角			
在画面中或画面外			
听觉	你能听到些什么？		
方向			
近或远			
响亮还是轻柔			

续表

画面细节	1	2	3
音高			
持续时间			
语速快或慢			
暂停			
音色			
感受	你能感受到什么?		
大小			
形状			
温度			
移动或静止			
震动			
重量			
压力			

你的学校教育可能会阻碍你

系统化的思维方式对每个人都大有裨益，有些人可能会说，这是文明社会的基础，但过度使用会抑制创造力。

在整个学校教育的过程中，你学到的公式化的工作方式会阻碍你做到最好。如果缺少某些方面的改变，任何事情都不会得到改善，这就需要灵活性。否则事情就会和以前一样，没有好坏之分，一成不变。

当我们还是孩子的时候，我们的行为受到生活场所、父母和学校的制约。但这种制约为我们的成长提供了保障。随着年龄的增长，我们做什么都力求系统化，以至于在本质上变得僵化和固化。这本身并不是一件坏事，但在今天的世界中，让我震惊的是，唯一不变的就是变化，而且变得很快。如果变化是新常态，那么僵化和固化不太可能在商业领域或更广泛的生活领域中创造成功。

○ 故事

一位与我共事的销售总监的例子非常精彩，可以很好地说明我们对教育的信念是如何对我们的职业、生活选择和成功产生巨大影响的。

史蒂夫在现任的公司已经工作了大约5年，他创造的销售额比别的员工都要高，并以每年20%的速度增长。他的精力令人印象深刻，而且他与关键客户（主要是大型机构）建立合作关系非常自然，这值得大多数人效仿。

鉴于他在商业上的良好业绩，你可能认为他会成为公司下一任总经理的关键候选人。他的雄心壮志和创造的业绩完全符合要求，但在最后，他被人事考察部门淘汰了。

通过对同行的探究和咨询，史蒂夫认识到，他在商业上获得成功的动力，恰恰是自己在内部声誉方面的阻碍。史蒂夫认为，由于他没有受过正规教育，所以他必须不断地证明自己"足够好"。

虽然他的声誉确实很重要，而且人事考察部门需要清楚地知道他作为一个领导者能带来什么，但是他可能做得过头了。在意大利面上撒一点胡椒粉是不错的，但将整瓶的胡椒粉撒进去就很难接受了。

一旦我们花时间去了解史蒂夫对教育的信念从何而来，他就能放松下来。仅仅是了解一些统计数据，听一些关于其他"未受过教育"的领导人的故事，就能让他自如地展现出自己最好的一面。

最近，史蒂夫与我联系，我很高兴。他没有成为我们共事时所在公司的总经理，但是，他重新找回了从容和自信，他在以前的一个客户的公司中担任了总经理一职。从更广泛的意义上来说，他改变了自己的生活方式。现在，他和家人已经搬回了他们在西部的家。看来，冷静的性格让他得到的不仅仅是升职。

关注你所处的环境

良好沟通的关键就是能够对他人的反馈做出回应，这也是你在与他人合作时获得成果的关键。反馈不一定是他人向你提出意见，它可以不那么明显。通常情况下，最有用的反馈就像空气一样微妙。任何一个走进刚刚发生过口角的房间的人都知道微妙的气氛意味着什么。它是我们无法触摸或看到的东西，但我们肯定能感觉到它是积极的还是消极的——这是真实存在的。

派遣错误的团队成员可能是灾难性的

在我看来，感知力是生活中极有用的技能之一。无论你有多聪明或多熟练，如果不能读懂你的听众，或者把握不好时机，那么你很可能会面临失败。感知力能够让你根据合适的方法，以及你的内部团队中哪些成员最有可能成功做决定。在葬礼上安排小丑演出可能不是最好的方式，但在葬礼结束后，它可能会使你的心情好起来，并让你明白，应珍惜生命而不是长久哀恸于你所爱之人的死亡。同样的，在工作中，让你的竞争优势与道德准则合二为一可能是赢得合同的最佳方式，但可能不适用于你的业绩评估。

○ **故事**

让自己成功和让他人成功是两码事，这就像目标达成和落空之间的差别。

我曾在富时250指数成分股公司担任领导力开发和人才管理总监，部分职责是聘请相关领域的专家与我们合作。那个时期，因为我的声誉依赖于引进优秀人才，所以我必须花费大量的精力寻找潜在的合作伙伴。

在安排合作伙伴与总经理詹姆斯或其他董事会成员见面之前，我通常会亲身体验他们的工作。其中有一家公司，我很想与对方展开合作，因为我花了6个月的时间与他们的员工一起培训，最终结果是我个人得到了蜕变，无论是在职业生涯中还是在家庭生活中，都获得了巨大的回报。

这家公司名叫"极限训练公司"，我邀请到了该公司的高管弗兰克和大卫。我有必要介绍一下，弗兰克和大卫在各自的专业领域都是公认的资深人士，而且都是知名演说家，拥有多年的工作经验，辗转于国际，颇具影响力。

关于文化改革项目的合作本应该是轻而易举的……但是大卫提供的内部团队建设方案与詹姆斯的方案完全不同，他们无可避免地发生了冲突。

大卫如同一个高智商的心理治疗师，语气温和，字斟句酌……不过，他采取的商谈方式，在更注重学术研究、更严谨而内敛的环境中可能会奏效。詹姆斯则是典型的企业家类型，他白手起家，非常注重果断决策和经验优势（这就需要大卫拿出战士般的勇气）。

这次合作最终宣告失败。詹姆斯对"用文化改革来影响商业结果"的整个项目产生了质疑。

我从这次事件中得到的教训是，即使是那些能够达到最高水平且训练有素的心理学专家，有时也需要帮助。如果他们拒绝别人的帮助，很可能会选择错误的团队成员和方法。

对我来说，这是一个转折点。在那之后，我认识到了指导的力量，以及当它被用于日常交谈时，如何对结果产生真正的影响。

如果由我来指导大卫，而不是向他做简报，他会变得更灵活，并改变自身的商谈方式来影响詹姆斯。这样做，有助于那些商业人士更好地组建高效能团队。

感知力是一种强大的技能

对环境的感知力是你进行决策的基础，它还能让你知道你的内心团队中哪一个成员在当下最有用。

好消息是，如果你愿意，这是一个可以开发的领域。通过练习，我们所有的感官都能得到加强，这样我们就能更好地感知任何环境。任何有机会在肥鸭餐厅体验赫斯顿·布卢门撒尔烹饪魔力的人都会明白，体验中涉及的感官越多，就会越充分地享受其中。把你的视觉去掉，你的嗅觉和味觉就会加强。当我们吃海鲜的时候，通过播放大海的声音，能够唤起在海边的记忆，这会影响我们对食物的感觉。

我们的感官可以用五个词来描述：视觉（视力）、听觉（听力）、动觉（触摸或感触）、味觉（口味）和嗅觉（气味）。

其中最强大的是嗅觉。因为我们鼻子里的神经末梢是全身唯一暴露于外界的神经末梢，这意味着只要我们闻到一种气味，就会引发全身的反应，我们的大脑会因此而释放更多的信号，进行更多的化学反应，保留更多的记忆。由此可知，你使用的香水或爽肤水对日常生活的影响可能比你想象中要大。明智地选择吧！

你每天都会受到嗅觉的影响，但你可能从未意识到它对你心情的影响，或者你可能从未意识到如何利用它。如果新鲜面包的味道让你感到舒适和温暖，那么当你有压力并想缓解压力的时候，去一趟当地的面包店就可以了。如果鲜切花让你想起你爱的人（对我来说，就是我的妈妈），那么当你与你爱的人分隔两地时，你一定要把鲜切花放在你的办公室里或者房间里，让你感觉与那个人时刻保持着联系。

就像我们选择用哪只手写字一样，我们的感官也会有偏差。有趣的是，我发现在全球范围内70%的人有视觉偏差——"当我看到它的时候，我就会相信它！"这也是电视比广播更受欢迎、更有影响力的原因之一。调研更大比例的人群之后，我又发现，视觉认知是理解世界并生活在其中的最简单的方式。

○ **故事**

在工作环境中，我所见过的运用这些知识的最佳方式可能是迪士尼在制作《狮子、女巫和魔衣橱》时所使用的。

我的一位朋友是迪士尼人力资源开发团队中的一员，为了给他提供一些支持，我专程参观了他们位于伦敦汉默史密斯的办公场所。

正如我在大多数大型机构中发现的那样，会议室的使用频率似乎很高，但可用空间却很少，所以我们决定请人帮忙，用项目组的房间来观看即将上映的电影。

当我们路过一个典型的开放式空间时，我首先注意到的是走廊尽头传来了柔和的音乐声，那是一种令人陶醉的音乐，就像在弹奏琵琶或其他神奇的乐器。接下来，我看到了项目组的房门——一扇老式的木制衣橱样式的门，这正是我期待的样式。我和露易丝走过去，伸出手打开房门，音乐停止了，一股冰冷的风扑面而来。只见房间里有一张桌子和几把椅子，它们都立在铺着人造雪的地上，衣帽架上挂着几件人造毛皮大衣。

在这里，我感觉自己如同身在纳尼亚。这是一种极具创意的方式，可以确保每一个参加电影会议的团队成员都全身心地投入创意和故事中。

小贴士：

下次开会时，你可以根据与会者的情绪状态来选择会议环境。如果你想让他们有一种家人般的亲切感，或者有一种孩子般的好奇心，那就去动物园；如果你想让他们有一种"一切皆有可能"的创造力，或者有一种重塑思维方式和行为方式的冲动，那就去科学博物馆。总而言之，你要利用视觉和听觉来创造动觉反应。

○　**练习**

锻炼你的感知力

如果你想锻炼自己的感知力，我在这里给你推荐几个游戏，通过锻炼肌肉来提升这两种能力。

第一步，找一两个朋友一起玩游戏。

第二步，决定是想提高视觉能力还是听觉能力。

第三步，开始玩。

游戏1

如果你需要花大量的时间打电话或者听别人说话，你可能想提高你的听力。找5枚不同类型的硬币，比如1便士、2便士、5便士、10便士和1英镑。首先，让一个人在你的注视下丢硬币，以此来校准你的听力。这样，你就可以根据硬币落地的声音做出正确的判断。接下来，为了不看到，请闭上眼睛或转过身去。然后，一个人开始丢硬币，而你要猜测对方丢出的是哪种硬币。此游戏的挑战在于至少要连续三次猜对。

游戏2

如果你的工作要求你注意细节，或者在生活中你想要更多地了解周围的环境，你可能想提高你的视力。首先想想你喜欢的某个人，让参与游戏的其他人观察你身上会发生哪些变化。可能是你的面部肤色有了轻微的变化，或者你的眼神变柔和了、呼吸加快了、肩膀放松了……一旦你真正开始集中注意力，你的身上就会出现无数微妙的迹象。然后，想想你不喜欢的某个人，而刚才的观察者则重新观察你身上会发生哪些变化。

现在，游戏开始。不要告诉观察者你想的是你喜欢的人还是你不喜欢的人，观察者只能通过你身上发生的变化来猜测你想的是谁，至少连续三次，然后互换游戏角色，这样你们每个人都有机会观察或体验。需要注意的是，你要心胸坦荡，不要骗人，这样就比较难了——因为只要你想起某个人，你的身体就会出现某些反应。

这个游戏的惊人之处在于，即使你知道它不是真实的，你的身体也会无意识地告诉别人它是真实的。

外部参考还是内部参考——哪一个更好

作为一个人，你生来就有偏好。你周围的环境和受到的教育会对它们产生一定的影响，但是在你的内心深处，它们很难发生变化。这有点像左手或右手，你的适应能力很强，如果因为某种原因，比如受伤，不能使用喜欢的手，你便会转换并学习使用不喜欢的手，而一旦能恢复使用喜欢的手，你便会再次转换回来，这是很自然的事情。

关于参考事物的方式，你会有一个偏好。"参考"是一个奇怪的词，我知道你可能会想"她到底在说什么"，所以我举一些例子，希望能让你更清楚。

外部参考——你们中的一些人会用一个外部参考点来理解世界。

你会在自己之外寻找一些迹象和指标，以确认自己在正确的轨道上。你会关注周围发生的事情，并通过反馈和表扬来激励自己，确信自己做得很好。

这是我的偏好，在上一份工作中，我不得不移动我的办公桌，因为我的位置在电梯门旁边，而且我能听到人们进、出电梯的声音，这意味着每次他们开门的时候，我都忍不住抬头看，这严重影响了我的工作效率。

内部参考——你们中的一些人会用一个内部参考点来过滤世界。

你常常会觉得自己胸有成竹，并受到内在认知的指引，不需要参考别人就能知道自己已经步入正轨，因为你知道自己是谁，有强烈的自我认同感。这意味着做决定对你来说很容易。这也意味着在团队或团队环境中，你可能不容易与他人建立联系或融洽的关系。

我的一位前辈在公司内部被人提及。她在工作中的长处是，她非常善于坚持她认为的对团队来说正确的方向；她在工作中的短处是，当失去别人的支持时，她很少会在没有提示的情况下注意到团队变得士气低落，偏离了正轨。

○ 故事

几年前，我在一次会议上与一位同事聊天。他刚刚与一家全球顶尖航空公司签订了一份合同，内容是招聘机组人员。我相信，这种做法是真正的创新，因为它使用了内部参考和外部参考的知识，作为一种识别那些可能对客户服务有天生偏见的人的方法。

面试时，招聘经理会在接待处观察应聘者，观察他们对一系列活动和事件的反应。通过早期观察，在应聘者展现面试风格之前，招聘经理就对他们有了大致的了解。

有些人会埋头看书或阅读其他材料（内部参考指标）；而另一些人则会做头部动作，每当环境中发生什么事情时就抬起头（外部参考指标）。作为整个过程的一部分，这是一种了解个人高度适应客户请求的可能性以及他们需要帮助的视觉信号的方法。

我希望当地的一些餐馆在招聘服务员时也能采用这种方法。有时我几乎要从椅子上跳起来挥手，他们却没有注意到。

了解你的偏好后，真正有用的不是改变它，而是选择适合它的工作和环境。

我认为：如果你是一名医生，采用内部参考方式相对好一些；如果你是一名刑事律师，采用外部参考方式可能更容易读懂陪审团的话。这也有助于理解如何激励自己和他人。采用外部参考的人会向外部世界寻求反馈；而采用内部参考的人可能会认为这是一种干扰，没有必要。

知道门在哪里

你对周围环境的认知程度会影响你的感受。重要的是要记住，在任何工作场合，你都有选择。虽然这些选择未必那么容易或诱人，但它们确实存在。

在工作中经常被遗忘的一件事是，你可以选择离开——走出公司的门。辞职是一种选择，这意味着你总是有选择的余地。我并不是说我们的选择不会带来后果，只是对你来说，在经济上你需要一份稳定的收入，贸然辞职而又无事可做可能会导致资不抵债或失去你的房子。对我们大多数人来说，这是有道理的。但这并不意味着门已经消失了，也可能意味着，当你发现自己处于一个不想置身的位置时，你需要一种阶段性的方法来改变它。在那个阶段，知道门在哪里可以让你保持理智。

如果你是一个与众不同的人，知道门在哪里可以帮助你缓解压力。从人群中脱颖而出，与周围的人截然不同，这是有好处的，但也很累人。如果你是雏菊丛中唯一的茉莉花，那么你每时每刻都非常显眼。

○ 故事

当我决定成为一名审计员时，曾求助于专业机构来研究哪些学校的论文通过率最高，哪些学校可以在较短的时间内完成三年制的课程（因为我是全职工作，希望快速推进），还有哪些学校在面授课程的同时开设了远程教学。符合所有这些标准的是位于温切斯特的金融与管理学院。我被这所学校录取了，而且永远也不会忘记我的第一堂会计课。

在那堂课中，我犹如雏菊丛中唯一的茉莉花。导师名叫斯派克，穿着军装。房间里的其他人要么为政府工作，要么为军队工作。成为团队中唯一的文职人员是一种有趣的经历，虽然我也花了一段时间才适应，但我喜欢做一个与众不同的人。

不幸的是，这种与众不同无法长久维持。它在学习环境中对我很有效，因为它在一年中只是短暂地爆发，但在日常工作中，我就是不适应。我的工作风格过于外向且以人为本，不适合在我所在的财务团队工作。经过多次自我反省和激烈的辩论，我清楚地认识到，对我来说，最好的选择就是离开。

○ **练习**

行动起来

如果你发现自己陷入了一个错误的领域：

1. 你是喜欢与众不同，还是天生比较传统？

2. 当你在生活和工作中被视为与众不同时，你觉得这对自己有益还是有害？

3. 哪些环境让你觉得自在？为什么？

列出目前对你来说重要的事情，也许是找工作、搬家、买新车、去度假……无论是什么，个人清单可以帮助你清晰地做出选择。

当然，你的清单必须有灵活性，将财务、通勤、文化、氛围等因素都考虑在内。

表 2-3　事情规划清单

必须做的	可转让的	不需要做的

续表

必须做的	可转让的	不需要做的

环境会影响你的行为

想象一下，你走在一条铺着黑色木地板的走廊上，四周全是书柜，书柜里装满了装订成册的期刊……

再想象一下，你进入一座有开放式空间的建筑，里面设置了不同色彩和类型的座位区，有的座位前还配备了桌子，动听的音乐在空气中回荡，人们在你周围低声聊着天……

以上两种环境，哪一种更让你感到放松和惬意呢？

在正式还是非正式的环境中，你更放松、更能做自己，取决于你的生活经历和个人风格。这没有对错之分，但是如果你不知道自己的最佳状态，就会严重影响你的生活质量。

从维多利亚时代开始，色彩就在人们的家中被广泛应用，以调节相应的情绪：在餐厅里用牛血红，因为它被认为有助于消化；在卧室里用淡紫色，因为它被认为有镇静作用。影响你的不仅仅是色彩，还有房间里摆放的物品以及你的活动方式。

今天，室内设计和色彩疗法在世界各地的家庭和办公室中被普遍运用，带动了社会经济的发展。到2015年，室内设计行业的产业估值已达到400亿美元。

○ 故事

当我与一位企业客户合作一个文化变革项目时，周围环境对潜意识和情绪的影响开始显现。我去他们在伦敦的总部采访其团队成员，以便更好地理解商业中的不成文规则，即"这就是我们这里做事的方式"。

采访中出现的一个共同主题是，团队报告中一些不被尊重的感觉似乎与不守时有关。人们迟到10—15分钟是一种常态，并且通常因为时间紧迫，工作评审和评估在最后一分钟被取消。

当我坐下来与项目发起人讨论我的观察和发现时，抬头想看时间，才知道我们所在的会议室没有时钟。经过进一步检查，很明显，这座七层楼高的大楼里没有一个会议室有时钟。从心理学的角度来看，这可能会向员工传递一种无意识的信息，即时间并不重要。而在实际工作中，没有人会在开会时被提醒注意时间，这意味着超时的可能性将大大增加。作为一种测试和一种改变的象征，我们决定在下周一之前在所有的会议室里放置时钟，然后观察所有员工在行为上的变化。当时的计划是不宣布这一变动，而且时钟是在办公室关门后被安装好的，这样就不会出现干扰，不会引起员工的注意。

　　一个月后，我以审查的名义重新采访了一些我之前与之交谈过的团队成员，在没有直接询问时间的情况下，一个改变出现了：团队中正在建立尊重。经理们一定是认真听取了反馈意见，因为事情开始按照计划进行，员工也按时出席会议了。

　　小贴士：

　　下次你想做出改变时，首先要考虑环境对新行为的帮助或阻碍。

CHOICES

第三章

真相，全部真相，只有真相

the truth, the whole truth and
nothing but the truth

诚实是非常重要的，但诚实到底意味着什么呢？这是抽象名词。它与苹果、香蕉等不同，你不能去商店买到它，也不能把它放进手推车里。

诚实是一种感觉，不同的人有不同的标准。对一个人来说诚实的事物，对另一个人来说可能显得残酷或过于直接。

任何一个人都有曾被朋友问到"我看起来怎么样？"的这种被考验诚实程度的经历。如果说着"你看起来很棒"，然后又建议对方可能需要在衣服上加件夹克，这是否意味着你在撒谎，是一个坏朋友？当你以天气会变冷为由建议对方在衣服上加件夹克时，内心想的却是这件夹克可以遮对方衣服上丑陋的图案，这意味着你不诚实，还是你考虑到了别人的感受？在任何特定的情况下，什么是合适的都是主观的，且基于我们自己的信念和标准。

诚实始于你的内心——如果你对自己不诚实，就很容易活在别人的梦里，或者你最多只能对自己说"应该……"。我所说的"应该……"是指内心对你说的话——"你应该多去健身房锻炼"或者"你应该雄心勃勃，到35岁时成为一名高级经理"。我很想发起一场运动，将"应该……"这个句式从英语中驱逐出去。但是到目前为止，我还没有找到一个能让你感觉良好或有动力的句子。

早期监护人对你有巨大的影响

当我们还是孩子的时候，我们通过模仿别人的行为来学习，接受我们所看到的事情，并赋予它意义，以为它是真理。我们被告知的事情变成了次要的——眼见为实。

如果你的父母或监护人对你说"照我说的去做，不要照我做的去做"，你就会明白这一点。当你很小的时候，你可能已经学会倾听并服从了，但是当你能够选择自己的道路时，你可能会付诸行动而不只是嘴上说说。

作为父母，你可能知道，和孩子们一起围着桌子吃饭或聊天是件好事，甚至你会对他们说这样才对……但是，如果你做了一些异样的事情，例如，在大多数日子里，出门后在上班的路上吃早餐，在辛苦工作了一天后一边看电视一边吃饭，那么，你的表现与你平时对孩子的教导大相径庭。

你会相信哪个？你会效法什么？

○ **故事**

我在西康沃尔的一个卫理公会家庭中长大，爸爸是邮政总局的电信工程师，妈妈是全职家庭主妇。即使到现在，父母也没有对我说过这样的话——"找到一份合适的工作，我们会感到自豪"或者"当你有孩子的时候，你一定要继续工作，否则你会迷失自我"。如果他们说了，我可能会争辩，因为这些话听起来相当死板。

尽管没人说过，但我还是接受了这些信念。我会注意周围发生了什么，我爱的人和那些像老师一样对我有重大影响的人做了什么，我和其他孩子都赋予了它们特殊意义。可见，作为人类，我们难免要扮演各种复杂的角色。而我所赋予它们的一些意义，直到今天仍然非常有价值，另一些意义却把我带到了一条不适合我的道路上。

"找到一份合适的工作"，这一内心深处的声音引领我进入了金融业的世界——这不是一个富有创造力的灵魂真正能够蓬勃发展的地方。我无法改变自己的经历，正因为有了这些经历，我才能与金融界的人更好地相处和共事，并得到了正规的财务培训，最终成为一个值得信赖的商业人士。如果我是有意识地走上这条路，可能会选择另一个人生阶段。有意识的选择能够产生积极的影响。

○ **练习**

关键影响者及其意义

探索你成长过程中的关键影响者及其意义，以观察你是否在习惯性地执行一种旧的行为模式。发展有意识的选择，并确定你想要改变的领域。

表 3-1 关键影响者及其意义

人物	你从他们那里看到、听到、感觉到的重要事情	你可以做的	这种信念今天对你有用吗
妈妈	看到她患关节炎的双手，希望她的双手能够自由活动	你必须帮助她完成康复，这是可行的	仍然是最新的和有用的，所以值得保留
老师	看到他因为没有得到正确的答案而对孩子们大喊大叫	你必须不惜一切代价避免出错	不再有用了，更有用的是相信失败只是反馈，这有助于你进步

1. 列出你认为在你的童年生活中重要的人，例如父母、兄弟姐妹、朋友、老师、医生、护理人员等。

2. 考虑并写下来这些重要的人对你的意义或带给你的信念。

3. 这些信念今天对你有用吗？

对于那些不喜欢结构和表格的人来说，另一种方法是写下一个框架。我觉得这个框架在考虑信念时很有用。

真相是……

我相信……

在你生活的关键领域这样做，看看会发生什么。

创造你想要的生活

你之所以选择阅读这本书，也许是因为你正处于人生的某个阶段，你在考虑去哪里，迄今为止你所做的选择产生了哪些影响，以及你是否想在未来做出改变。

你也许已经到达这样的人生阶段——在重大的节日前后，反思你目前的生活。你也许有过这样的经历——失去了对你来说很重要的人，让你想起了死亡。你们中的一些人也许经历过"警钟时刻"，而其他人只是好奇还有哪些可能。无论如何，选择一种你想要的生活，一种你想在晚年坐在摇椅上回顾的生活，这是一件好事。

当你创造自己想要的生活时，在方法上通常有两种偏好。一种是渐进式的机会主义。它会从今天开始，逐渐发展到可能发生的程度。另一种是在开始的时候就把目标牢记于心，对你未来想要创造的生活做一个设想，再回过头来看看需要采取哪些步骤。这两种方法都可以采用结构化的计划性偏差或更紧急的偏差，它们都提供了一些有效的输出。增量方法的优点是它能产生契合现实的结果，缺点是一旦你走上了这条路，你的选择就会非常有限。

正因为如此，我建议你让自己的思维自由驰骋，暂时放个假，让你的思绪飘向未来的5年、10年、20年、40年，想象一下你的生活是什么样的：你住在哪里？你长成什么样？你身边有谁，有什么样的谈话？你喜欢讲什么样的故事？

详细了解房子的细节、地点、里面的人，它会给你一个令人信服的目标。你所创造的愿景会告诉你一些实际的事情，然后让你在这个过程中做出选择。例如，如果你想站在英格兰东南部的一所房子的阳台上俯瞰大海，那么就需要一定的经济支持。知道了这一点，就意味着可以计算出你需要什么样的收入才能让它成为现实。如果你想在晚年看着孙子们在花园里跑来跑去，那么就需要在某些时刻做出明确的选择。你的未来愿景的每一部分都会给你今天的选择一个提示，并在事情变得困难时帮助你朝着目标前进。

当你想象自己的未来并开始实践时，对于那些生活中无法改变的事情，你要将其放到时间表或计划中去考虑。接受一些似乎普遍正确的观点可能会让人变得更有力量。其中一个是关于家庭的，尤其是对于女性而言。当我和一位职业女性一起工作时，我真的感到很难过，她在事业上非常成功，但她渐渐地意识到是否组建家庭的选择权已不再掌握在自己手中。现代科学已经取得了长足的进步，但是女性在生育方面依然受到年龄的影响。你有很多选择，但年龄会影响你的选择。总而言之，尽早意识到创造你想要的生活远比做一些不切实际的事情更重要。

○　故事

当我在一家国际慈善机构担任人才培训项目的职业教练时，我和该项目的一位新职员爱丽丝采用了上述方法。

爱丽丝是一个有着强烈进取心的人，也是一个对自己有着更高要求的成就者。她那孜孜不倦的精神和高超的业务水平值得人们学习。她善于利用每一分、每一秒去做一些有价值的事，甚至每天从车站步行上班时都会用手机听大学讲座。

30年来，她的长期愿景很清晰。她没有向我透露全部细节，而是回顾了自己的国际职业生涯，流转非洲和亚洲期间发生的故事，以及拥有一个充满欢声笑语的家庭，让孙辈们和宠物狗有地方住等内容。

当我为爱丽丝制订未来30年的人生规划时，先划分了未来5年和未来10年两个时间段。如此，爱丽丝就能具体地知道她想要什么，什么对她来说是至关重要的，这符合她的目标导向。

接下来，我为爱丽丝制订了第一个时间段（32—37岁）的人生规划。我问爱丽丝，她是什么时候开始想象自己将来会有一个被描述得如此生动形象的家庭的。考虑到构建爱丽丝想要的事业和生活的每一个要素，我需要确定优先顺序。她说，她第一次意识到，自己"总有一天会有孩子"的想法有期限。如果这是她真正想要的，那么她必须在未来几年将之考虑在内，而不是"某一天"。

我喜欢这个故事的地方是，爱丽丝后来有意识地选择了组建家庭，并和家人们其乐融融。

我现在很高兴地告诉大家，爱丽丝和她的伴侣已经生育了一个女儿，他们的女儿明年将在内罗毕的国际学校上学。

○ **练习**

制订你的生活规划或职业规划

拿出一张A4纸，在上面绘制一幅布局图。选择一张适合你的时间表，确保计划得足够长远，充分发挥你的想象力去创造。

从描述你目前的状况开始：

·你所处的环境，你住的地方，你工作的地方，你感受到的氛围。

·你的技能和能力——你目前做什么，你知道什么？

·在目前的状况下，你和周围的人在工作和家庭中的行为是什么样的？人们是如何行动的？

· 目前对你来说重要的是什么？你相信什么？

· 你是谁？你代表什么？

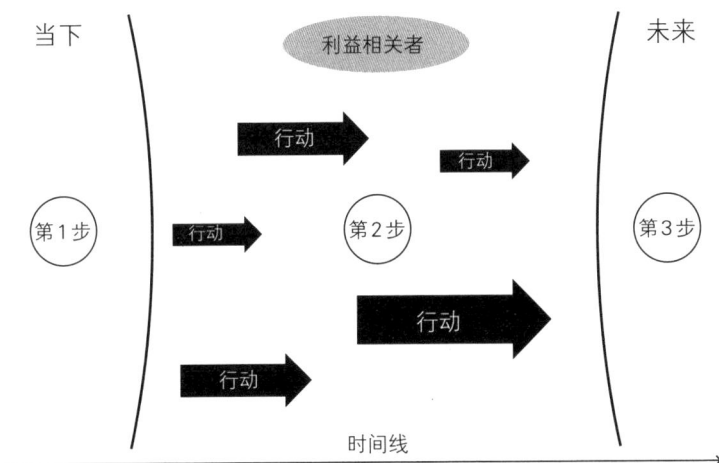

图3-1　当下和未来的布局

一旦你对目前的状况进行了描述，我们下一步将考虑你想要什么，而不是直接进入行动模式或计划模式。你想要的未来是什么？你的愿景是什么？

在布局图的右侧，使用与目前的状况相同的描述项，但首先要描述你是谁、你代表什么，然后在各个区域中反向工作，直到你全面了解状况。

现在是时候把时间划分成你能够问自己问题的时间段了："到这个阶段，我怎样知道我已经步入正轨了？"

一旦你把时间安排好并考虑了问题，就可以邀请你的分析型大脑从假期中回来，开始着手实施规划了。

构建布局图时，你要考虑的其他因素是"谁是关键"，你可能会发现，它们不但在开始工作的过程中很有帮助，而且通常在愿景的创建过程中也很有帮助（尤其是在你制订人生规划的时候）。

抽出时间定期与自己交流

甘地曾说："生活中有很多事情比加快速度更重要。"然而，今天的世界似乎变得越来越快，你比以往任何时候都更容易获得知识和信息。时间会在你根本注意不到的情况下飞逝而过。如果没有留出空间呼吸和思考，你可能在某一天醒来时，会想知道自己到底是怎样走到现在这个地步的（无论好坏）。

> 如果死亡意味着以离开舞台足够长的时间换一套服装，并以一个全新的角色回来，你会放慢脚步吗？还是会加速？
>
> ——恰克·帕拉尼克

如果你总是在快车道上，从不花时间适当地补充能量或休息，可能会发现自己在身体上、情感上或精神上都陷入了困境。你可能一直非常努力地沿着自己的梯子往上爬，以取得进步、获得成功——但是当你爬到顶端时，却发现梯子搭错了墙。

我在参加过的第一个培训班上就看到了这种危险。有人给我讲了温水煮青蛙的故事，可能你也听说过这个故事。这个故事在很多情况下被证实是真实的，值得我们反复品味和分享。

> 如果你把青蛙放在沸水里，它立刻会疯狂地跳出来，但如果你把它轻轻地放在温水里，把火关小，它就会平静地浮在那里。当水温逐渐上升变热的时候，青蛙会陷入一种安静的昏迷状态，就像一个人在洗热水澡，不久，它的脸上会带着微笑，毫无抵抗地因沸水而死。
>
> ——丹尼尔·奎因《B 的故事》

人就像青蛙一样，随着时间的推移，你的工作时间变长了，或者平衡家庭生活和工作的压力阀慢慢地被打开了。无论你的个人"热水"是什么，如果你不给自己时间退后一步，深呼吸，它很有可能在某些方面已经变得太热了，而你却没有注意到。随着事物的逐渐变化，我们会变得麻木不仁。所以，与自己交流是一种避免被"热水"烫伤（或者是沸腾，如果你是青蛙的话）的方法。

○ **练习**

个人签到

让你的签到保持轻松而不是烦琐，这样签到的可能性会更高。一定要保持足够的频率，如果你所在的领域中的水开始变热，你要在陷入昏迷之前跳出来。下面是几个我已经成功使用过的方法——如果你有其他的方法，那么请分享它们。我喜欢听成功的故事。

方法1——像对待其他维护预约一样，定期记录并检查你的签到反思时间。你可能每6—12个月去做一次牙齿检查，或者每6周去理一次发，所以每3—6个月在你的日记中记下时间，简单地停下来，深呼吸，注意你的生活方向，问问自己这对你有用吗。

方法2——拿出一张纸，画出下面的表格。

对每个类别问自己三个问题：

·我生活的这个领域对我来说是重要的吗？

·目前我在这个领域投入了多少精力？

·现在我对我生活的这个领域有多满意？

把你认为的重要性、精力投入和满意度从1到10打分，其中1分代表根本不重要，10分代表你能想到的最大程度。注意你给出的分数之间的平衡。

表 3-2　生活中的各项领域分析表

领域	重要性 1—10	精力投入 1—10	满意度 1—10
社会——例如家庭、朋友、节日			
情感——例如做你喜欢的事情			
知识——例如阅读、写作、学习、训练			
精神——例如冥想、参观画廊			
身体——例如锻炼、饮食、放松、睡眠			

　　你把精力放在你说过的最重要的事情上了吗？你的临界点在哪里？你能做些什么来改变现状？或者你对目前这个领域的情况满意吗？如果满意，那就意味着你可以放松下来，继续做你目前正在做的事情，把精力放在别处。

对泄气者和干扰者说"不"

对很多人来说，不好意思拒绝他人的请求似乎是天性使然。一旦你答应了他人的请求，接下来可能会问自己："天啊，我该怎么做？"或者被迫接受以后每天都工作12个小时。当有人在电话里或者来到你的办公桌前对你下达指示时，那就是打破常规的时刻，你应该停下来思考一下，再进行回应。在很长一段时间里，面对他人的请求，你都会条件反射式地回答"是"。因此，改变它并没有那么容易。

○ 故事

最有效的改变方式不是由客户，而是由与我合作的一家全球电信公司的一群团队成员向我展示的。我为他们举办了一系列的"浓缩咖啡"活动，并发现自己早已融入这个团队，因为我经常去他们的办公室。千万不要被名字弄糊涂了，"浓缩咖啡"活动并不是关于喝咖啡的，而是以一种简短、时髦的方式来开展的研讨会。我们聚在一起3个小时，投入大量的精力，总结众多的经验，来研究如何适时地改变自己。

有一次，研讨会的主题是如何掌握事情的主动权，12个与会者一致表示，很想学习如何说"不"，同时又不显得失礼。我可以分享一个共同的主题：习惯。该习惯起因于他们想把工作做好，而对他们来说，这意味着无论付出什么代价，都要接受别人交代的任何事情。在研讨会上，我分享了蒂姆·盖洛维设计的STOP工具（见下文），我有幸在伦敦参加了他的培训。70多岁的蒂姆·盖洛维是一个鼓舞人心的人，他在网球场上仍能跑得比我快，是我见过的很好的指导员之一。

在回办公室的路上，我碰到了团队中的一个人。他拉着我的手，带我到市场部。我看到，在开放式办公桌周围，很多人都在电话旁放了一张停车标志的图片。他告诉我，自从研讨会开始以来，团队已经设法营造了一种氛围，其中包括在对别人的请求说"是"之前考虑自己的时间和精力，而且这丝毫没有影响他们对内部客户服务的看法。他特别高兴，因为他现在可以更有规律地准时下班回家，给他的儿子读睡前故事了。

说"不"可以带来庄重感，并帮助你腾出时间来优先考虑对你来说真正重要的事情。倾听支持者的声音，远离泄气者，把注意力集中在你想要什么，以及什么对你自己、你的团队、你的组织产生真正的影响上。

○ 练习

STOP工具

想象一下，你是一个罗马将军，骑着你的马与你身后的军队并肩作战。你碰到一堵墙，一堵你看不见的高墙。你会怎么做呢？

跳过去还是绕过去，或者是摧毁它？

这个问题有很多答案，但都有可能导致重大的损失。如果你在跳过去之前不放慢速度看看墙的另一边有什么，那么可能会落入另一边埋伏着的敌军的手中。相反，停止，后退一步，这样你就能看到整面墙，同时也能看到你自己的士兵以及在墙的另一边埋伏着的敌军。

你的日常生活不太可能是战场，但有时会感到压力重重。停下来可以帮助你把手指从生活的快进按钮上拿下来，减缓前进，阻止你被生活的需求和现代科技的压力驱使得更快。在一个因为有了移动电话而随时随地存在的世界里暂停一下。从来自路标、电视、电话、互联网、帖子、报告等媒介的信息流和垃圾邮件中抽离出来一会儿。

图3-2 STOP标志

后退一步

你可以看到整面墙。

思考

注意你的选择，并设定目标。

组织

计划和沟通下一步。

继续

做你已经决定和计划做的。

花时间思考就是争取时间生活。

——南希·克莱恩

你欣赏别人的地方，也体现了你的内在

要想描述某事，你首先要知道它是什么。要知道它是什么，你必须经历过。如果你经历过，那么第一次必定留在了你的内心深处，哪怕只是一瞬间。如果你对某事一无所知，那么你就无法用语言或情感来描述它。

我们的大脑中有一种叫作镜像神经元的东西，很多认知心理学家认为它是我们通过模仿来学习的关键。镜像神经元是这样一种神经元：当一只动物做过某事，然后看到另一只动物正在做同样的动作时，它就会被激活。很多实验都是在灵长类动物身上进行的，目的是了解这种现象，并探索这种现象在治疗自闭症等疾病时的作用。

对大多数人来说，这是一个有趣的信息，在不需要了解科学细节的情况下，你可能会考虑你是谁、你是如何行动的以及你对他人的看法和影响。要成为最好的自己，首先要相信自己已经拥有了一

切。要做出选择首先要知道什么对你来说是重要的，什么是有价值的，知道你的方向以及你想成为什么样的人。

○ **练习**

英雄和恶棍

第一步，列出你欣赏的五个人和你不喜欢的五个人。他们可以是真实的，也可以是虚构的，可以是过去的，也可以是现在的，还可以是远近皆知的。在一张纸上画出他们的样子（如果有条件，可以在白板纸上画）。

第二步，找出你欣赏的或不喜欢的人的特点、能力和特质。用符号或图片来说明你的构想，这些符号或图片可以捕捉到你的感受和情感程度。

第三步，对于每一个你欣赏的人，思考他们代表了哪些价值观；对于每一个你不喜欢的人，思考他们违反了哪些价值观。

第四步，思考这告诉了你哪些价值观对你来说是重要的。

自我肯定的意义

如果你相信别人对你的评价，为什么不考虑一下自己对自己的评价呢？也许你已经考虑过了，也许你是自己最好的啦啦队队长。如果这是真的，那就太棒了。然而，对你们中的一些人来说，你内心的声音并不是时时刻刻支持你的，相反可能会暗示你愚蠢或者不够好。

我曾与富时100指数成分股公司的一些高管共事，他们内心深处一直有个声音告诉他们，总有一天他们会被套牢。

和我一起工作的一位公关总监的内心一直有个声音告诉他，他不是当主管的料。当别人问他有没有时间帮个小忙的时候，他从不会拒绝。这意味着他受到了团队的喜爱，因为人们认为他乐于助人。但是，这也意味着他没有时间做本职工作，甚至没有时间思考，没有时间去整理一周以来堆积在工作岗位上的文件。结果显而易见：因为他没能照顾好刚组建的新家庭，所以他觉得自己是个坏父亲；同时，他在工作中被认为是一个实干家而不是战略思想家，所以他没有完成自己的目标。

内心的声音发人深省，而且大多数时候这是你的声音。因为这是你的声音，所以始终萦绕在你的脑海里，这意味着你可以教它说一些鼓舞人心的好话，或者让它继续批评你。

你的外表会被别人评判，作为一个人，你会根据各种假设来理解你所看到的东西。一种常见的现象是，当你看到有些人肩膀稍微低一些，并且低着头，你会认为他们在某种程度上是害羞或软弱的。也许是他们的语气，甚至是他们的握手方式——想想20世纪90年代说话音调有点怪异的大卫·贝克汉姆，或者想想你在某次会议上的"死鱼式握手"——两者都为你对一个人的看法定下了基调，而且都将与你对自己和他人的评价联系在一起。

○ 故事

当我和职业教练金姆一起工作时，这种联系变得非常明显。她正在准备公司内部的面试——这并不在她的工作经验范围之内。她一直从事的是风险管理和审计工作，并且已经做出了一个决定——追随自己对青少年教育工作的热情。在我们进入复杂的面试准备和简历分析之前，我很想了解金姆内心的声音对她说了些什么。于是我问她："你为什么想做青少年教育工作？"她充满歉意地告诉我，她不相信自己能得到这份工作……她很可能会对自己说一些无益的话，比如"我在这方面没有资历"或者"他们为什么会雇用如此缺乏经验的人"。现在，这或许对准备相关答案有用，但它们并不是在内心对自己反复说的有用的东西。

通过重复，金姆创造了一种肯定，表达了她对追随青少年教育工作的热情以及她的信念，即青少年是社会发展的主力军。值得注意的是，当她在练习大声说出她的新声明时，每次说出来后，她都会站得更直。她变得更强大了，看起来也更自信了。作为一名招聘经理，我知道我更可能聘用哪种表现下的金姆。

了解我们对自己说的话、我们的身体和别人的判断之间的联系有什么用处呢？那就是，通过改变我们的生理机能或我们所说的话，产生直接的影响。所以，站直了，深呼吸，用下面的方法创造你自己的积极肯定，然后按照要求重复，直到你相信它为止。

○ **练习**

自我肯定——编辑故事

这是你的故事，你可以选择任何想说的话。

编辑故事这种方式已经被证明能够有效地改变人们处事的方

式，并使之转变成处理个人幸福的方式。

1. 想想你在生活中重视的一个领域，比如体育、家庭、音乐才能和人际关系……

2. 从列表中选择对你来说最重要的部分。

3. 写下你生活中某领域特别重要的时刻，以及为什么。

就是这么简单！一个真正简短的写作练习，只需要几分钟，把你的思维集中在对你来说真正重要的事情上。

你可以开始每天练习自我肯定。如果这是你喜欢的事情，那么从你的故事中考虑一个简短的陈述，每天早上对自己说专注于重要的事情。我听说过，也知道一些工作经验。

· 我感到快乐、健康、很棒。

· 我相信自己，相信自己有能力做任何下定决心要做的事情。

· 我不再需要寻求别人的认可。

· 我能尽可能利用现有的资源。

· 我是一个有进取心和勇气的人。

创建你自己的肯定，包括对你来说重要的角色，比如母亲、领导或教练。

"地图"不是领土

我在学校最喜欢的科目是地理。我喜欢花时间看地图，检查等高线和地名，想象每个村庄和城镇都是什么样子，推算绿化面积或建筑面积，思考乡村地区有多少酒吧和教堂。所以，当我提到"地图"不是领土的时候，你可能会认为我是字面上的意思。在某些方面，的确是，但我更多的是在打比方。

我还记得自己想象力自由驰骋的时候，那是在谷歌地图的街景出现之前的日子，我不知道乡村大街是什么样子的，也不知道标记为绿色空间的山顶是茂密的树林还是荒野。

真正的地图不能告诉我们关于领土的一切。它们可能是有用的指南，但并非全部事实。就像你一生为自己绘制的"地图"一样，关于生活本身和人类，你住在哪里，你是谁，什么样的关系起作用或不起作用，什么是合适的行为……这份清单的内容一直在增加。但这些"地图"没有告诉我们整个故事，它们肯定不能囊括全部事实。

你的"地图"和其他人的不同

我们的生活如此不同，然而，我们可能没有注意或思考比我们
自己的小块土地更广泛的范围。

我在西康沃尔的一座小镇上长大，那里的每个人都知道彼此的
名字，这与我几年前去南非德班的一家慈善机构募捐时遇到的街头
儿童的经历完全不同。他们的现实都是关于暴力、贫穷和生存的，
在这些地方，妇女和女童不被重视。

在我成长的过程中，我的"地图"虽然在很多方面都很传统，
却是平等和安全的。不一定要出生在不同的国家才能有不同的"地
图"，你们可能来自同一座城镇甚至同一个家庭，在相同的环境中
却有着不同的生活经历。

你坐在现在的位置读这本书的时候，会和坐在你旁边的人有不
同的体验。如果你独自一人，移动到房间的另一边，你的视角就会
改变。

在任何时刻，每秒我们周围都有超过20亿比特的信息输入。你的大脑有一个惊人的过滤系统，它能让你在一个有这么多事情发生的世界里工作，因为它每秒只能处理134比特的信息，必须过滤掉惊人的1999999866比特的信息。每个人同时处理相同的134比特的信息、进行相同的过滤几乎是不可能的。这是我们内在的存在方式，意味着每个人都必须绘制属于自己的独特的世界"地图"，因为我们看到、听到和感受到的信息是完全不同的。

你的参考点或经验是你绘制"地图"时指引你的东西。它们使你能够做出决定和选择。这些选择，无论是有意识的还是无意识的，都是由你的价值观和信念驱动的。你的价值观与信念相联系，它们驱动着你的行为，因此每天你都会走上特定的道路。就像农村的羊一样，如果你经常沿着同样的路径走，就会走出一条"羊道"——一条你会陷入其中的路径，一条成为习惯的沟槽。有时这是非常有用的，因为它意味着你做事情时不必过多地思考。然而，当你在生活中学习和成长的时候，那些10年前有用的沟槽或羊肠小道，今天可能不会给你带来正确的方向。

尊重是我特别珍视的一种价值观。希望别人怎么对待我，就怎么对待别人，这是我小时候父母的教导。你可能在一个相似的家庭中长大，或者你也认为尊重对你来说很重要。如果你这样做了，那么思考一下你的价值观中关于尊重的信念是什么，它们驱动着什么样的行为，以及它们是否在为你工作，这将是一件很有趣的事情。

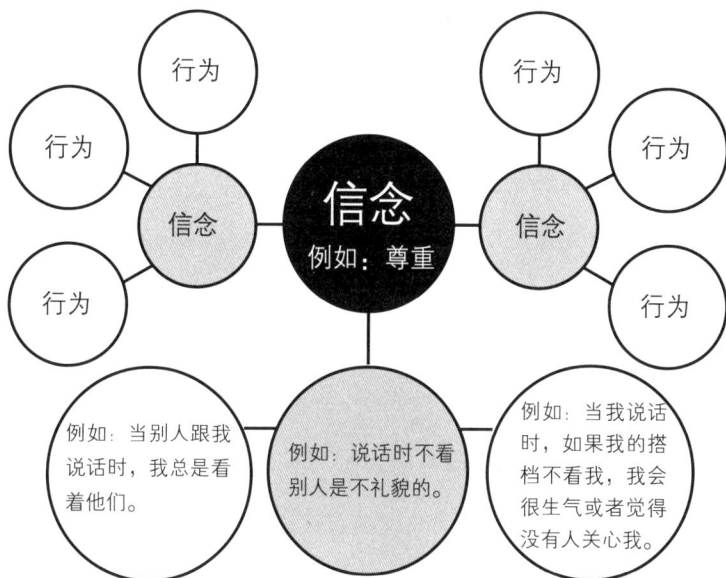

图 3-3　价值观与尊重

○　故事

几年前，为了支持朋友艾莉森，我和丈夫马库斯参加了一场由她主讲的销售心理学的研讨会。这是她第一次独立策划并举办研讨会，我和马库斯觉得这个主题很有趣，因为我们也是个体经营者，以出售商品来谋生。

在研讨会开始大约20分钟之后，我被马库斯的行为激怒了，因为他一直盯着手机。在我看来，他应该看着艾莉森，听她讲话，而一直盯着手机的行为是不礼貌的。他的行为违背了我的价值观，所以我内心的反应正如你想象中那般强烈——我在想各种"他怎么能……"之类的事情。

在研讨会开始大约30分钟之后，艾莉森问听众有没有问题需要她解答。作为听众，也是时候需要我们参与了。

为了能够参与进来，你必须从她在台上分享的内容中学到一些东西，所以我在想："马库斯肯定不可能参与进来——他得让我们失望了。"然而，他竟然问了艾莉森一个令人惊讶的问题。如果他在刚刚过去的30分钟内没有听艾莉森讲话，那么他是无法提出这个问题的。这让我很好奇，他到底是怎么做到的？为什么我会有如此强烈的反应？在深思熟虑之后，我意识到，与我的"尊重"价值观相关联的是，我有一条"看与听"的原则，即你如何表现对他人的尊重。我的意思是，我一直相信，要想让你听我说话，你就必须看着我。如果你也认为"没错，人们只有在看着你的时候才会听你说话"，那么你可能和我一样。

你成长在这样一个家庭里——父母中的一方对你说："当我和你说话的时候，看着我。"当你还是个孩子的时候，经常听到身边的人说这样的话，就会树立起你的信念。并不是每个人在成长的过程中都有这样的父母，我的丈夫肯定没有。他年少的时候更活泼，更有创造力，他觉得自己是自由放养的，所以他没有树立起"看与听"的原则。

事实上，如果让他集中精力看着说话者，他就容易忽略说话者说了什么；他需要把目光转移到别处，比如看向窗外或看着手机，才能更充分地倾听和理解说话者说的话。

这是两种截然不同的看待世界的方式，它们影响着我们的日常生活以及我们对这个世界的理解。

小贴士：

下一次，当你被别人的想法惹恼或注意到你的想法与别人的不同时，不要去修正或说服别人，而是戴上你的好奇心眼镜，问自己："我需要了解哪些事实后才能相信它，或者以哪种方式行事？"

感知就是现实

在这个世界上，你只有去深刻体会自己看到的、听到的和感受到的，才能真正了解周围发生的事情。你依靠自身的经验来分辨什么是事实。同时，由于过滤系统，它们本身未必是真实的。还记得每秒我们周围都有超过20亿比特的信息输入，但我们的大脑每秒最多只能处理134比特的信息吗？你天生就不想犯错，所以你要过滤这个世界上的信息，寻找能佐证你的看法的例子。

○ **故事**

2007年，我和好朋友瑞秋驾驶一辆1969年出产的大众甲壳虫汽车，参加了一场横跨非洲的慈善比赛。某一天，我大脑中的过滤系统对我的情绪产生了巨大的影响。那时，我们已经穿越南非海岸，穿过纳米比亚，进入了博茨瓦纳。之后，我们前往一些相当偏远的地区，发现道路上布满了岩石和泥土。当我们开车经过一个可以被称为村庄的地方时，我们看到了一些儿童，他们穿的是破烂不完整的衣服，在路边乞讨。为此，我不由有些心酸。

幸运的是，瑞秋非常善解人意，她开始问我一些问题，以拓宽我的视野。于是，我调整了大脑中的过滤系统，开始留意路边的其他儿童——他们穿着崭新的校服，几乎是闪闪发光的白衬衫，经过一天的学习后，面带微笑回家；他们都住在村里的茅草屋里，但很快乐，也很健康。

你的看法就像我在非洲时的看法一样，可能会被看到的和接触的东西影响，也可能会因为迄今为止的生活经历而变得根深蒂固。你的看法不一定是正确的，不妨问问自己："这里还有什么可能是真实的？我错过了什么？"

小贴士：

忠于真实的自己，保持开放的心态。随着时间的推移，真实和变通将胜过虚假和固化。

天气会改变你的心情

  如果你曾在荒原上待过，你就会知道这句话是对的。20多岁的时候，我住在达特穆尔高原，那里的天气变幻莫测，给我的生活带来了诸多不便。某一刻，阳光灿烂，你可以看到远处的海岸；可就在一瞬间，浓雾开始笼罩，你再也看不到前方了。

  暴风雨和阳光时常会在生活中交替出现。有时候，你出门前需要记得带上雨伞，而有时候，你只能快速进入室内或者被淋湿。无论发生了什么，关键是要做好准备，看清正在发生的事情，以便能够选择自己的行动。

  在生活中，压力往往会随着时间的推移而增加，但也有意外情况——它就像海啸或龙卷风一样，似乎是从天而降的。当改变发生时，第一步通常是接受改变，但这并不意味着放弃，而是承认事情已经不一样了。

  作为独特的个体，每个人的压力来源是不同的。对有些人来说，电子邮件中的收件箱爆满、工作清单很长会让他们感到压力；而对其他人来说，这会激励他们继续工作下去。

了解什么可能会给你带来压力，并学习可以做些什么来减少压力是非常有用的。某件事情将你压得喘不过气来还是被你彻底解决，其实只有一线之隔。你越注意自己的预警信号，就能越早采取措施避免压力。

> 压力：人们对过度的压迫或其他类型的需求所产生的不良反应。
>
> ——英国健康安全局

英国健康安全局把压力描述成当事情变得太多时，你感到不堪重负、失控和紧张。它并没有考虑到积极的压力。是的，积极的压力——这种压力能让拱心石在未来若干年里安全地支撑桥梁，让桥梁变得更加坚固。

你有自己的压力点，它会激励你，让你变得更强大。关键是，你要知道自己在积极的压力和崩溃之间的临界点，在压力较小的时候锻炼自己的实力，这样，当压力来临时你就足够强大了。

○ **练习**

压力指标

让我们来看看你的压力早期指标是什么。下面的列表并不详尽，所以请把它作为你考虑个人压力指标的一个刺激因素。

勾选那些你可能符合的指标，然后加上其他可能出现的指标。

注意：你是否对某个特定类别存在偏见？你的反应主要是哪个层面的？

了解你的指标并描述它们，你就能以积极的方式尽早地管理压力。

表3-3　压力早期指标

压力层面	相应指标	
身体层面	□ 食欲不振或暴饮暴食 □ 肌肉酸痛 □ 体重减轻或增加 □ 胃痛、恶心、腹泻 □ 磨牙 □ 跺脚或敲手指 □ 饮酒或吸烟频率增加	□ 头痛 □ 睡眠障碍 □ 容易感冒 □ 心跳加速 □ 疲劳 □ 旧疾复发

续表

压力层面	相应指标	
心智层面	□ 记忆力差 □ 注意力不集中 □ 态度消极或不在乎 □ 迷茫、困惑、毫无准备 □ 失去意义、方向和目标 □ 无情 □ 冷漠或不愿意承诺	□ 反应迟缓 □ 效率低下 □ 没有新想法 □ 愤世嫉俗 □ 自我怀疑 □ 渴望证明自己 □ 自我催眠
情绪层面	□ 焦虑 □ 感到受挫 □ 情绪不稳定 □ 抑郁或忧郁	□ 忧虑 □ 易怒 □ 经常哭泣 □ 神经衰弱
社交层面	□ 孤独 □ 猛烈抨击 □ 唠叨 □ 减少与朋友的联系 □ 消极处世 □ 自我隔离 □ 家庭和工作中的争论越来越多	□ 不宽容 □ 逃避交流 □ 不信任 □ 沉默 □ 厌倦 □ 自言自语 □ 性欲降低

信念和真理是不同的

你要从压力和内心冲突中解脱，并相信自己能做到。如果你认为信念和真理是一回事，即使你为此感到满意，也会有很多人想证明你错了或者你限制了自己生活的圈子，因为他们认为人无完人。当然，这两种方式都是你的选择，没有对错之分。

你要考虑的是在你的一些想法和信念中加入"还"这个字。"我还不够健康，不适合跑马拉松"，或者"我还没有足够的管理经验来申请晋升"。有或没有"还"，带给你的感受是不同的。一种是静态的，是陈述事实（表面上）；另一种同时具有现实感和可能性。我知道我更喜欢和谁在一起，也知道哪些人对我的工作产生了影响。

真理

1. 事情的真相或实际情况。例如，他试图查明真相。

2. 符合事实或陈述事实。

3. 经过证实的或无可争辩的事实、命题、原理以及类似的东西。例如，数学真理。

4. 真实的状态或性质。

5. 现实性或实际存在。

信念

1. 相信的东西，一种观点或信念。例如，认为地球是平的。

2. 对无法用实验直接验证的规律持相信的态度。

3. 信心、信赖、信任。例如，孩子对父母的信任。

相反的观点可以同时成立

21世纪的我们生活在一个二元论的世界。我们借助于对立的东西来更好地理解这个世界，如黑和白，好和坏，痛苦和快乐，机械和灵活……认为某个人或某件事可以同时是好的和坏的，或者快乐和痛苦可以同时存在是巨大的挑战。一旦你开始放开控制，世界就会在你面前重新被打开。

冲突往往是一种根深蒂固的二元论的结果，即如果一件事是真的，另一件事就不可能是真的。遇到突发情况，有的人能够冷静地处理，有的人却不知所措，因为在他们的生活中，事情要么是计划好的，要么是混乱的。

我在工作环境和家庭环境中看到过很多源于这种思维的争论。

○　练习

解决冲突的能力——用别人的眼光看世界

首先，摆放三把彼此面对的椅子。椅子1是给你自己的，椅子2是给与你有冲突的人的，椅子3也是给你自己的。通过下面的步骤，你可以从外部客观地看待冲突。

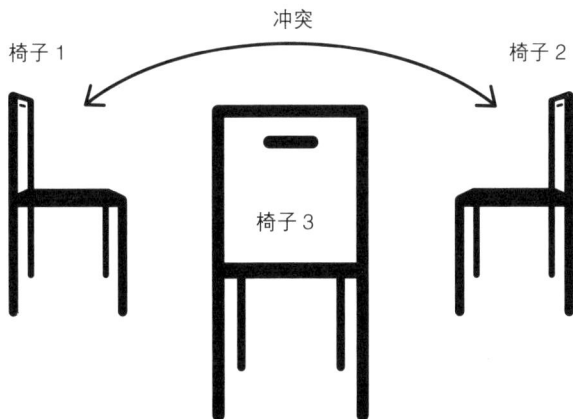

图 3-4　运用三把椅子解决冲突

1. 坐在椅子1上，表达你的观点、感受和想法，就像你在和别人说话一样。

2. 打破你的状态——站起来离开椅子1，在房间里走动。如果你愿意，那就笑一笑。

3. 坐在椅子2上，表达另一个人的观点，就像他在和你说话一样。你不知道他到底在想什么或有什么感受，但是你要根据自己的判断，相信他们会这样说。有时候，以不同的角色坐在不同的椅子上，有助于开发记忆力和想象力。

4. 坐在椅子3上，思考：

·双方的积极意图是什么？在有利的情况下，他们需要什么？

·哪些信念会让冲突持续下去？

·身体的感觉如何？

5. 重复听取双方的观点。

完成步骤4后，留意你现在的感受。

注意身体的哪个部位会紧张，并放松紧张的部位。

看着每一个人（其他椅子），畅所欲言，想象一下对话中可能发生的事情。

面对变化，灵活性是关键

在你生命中的某个时刻，你很可能相信世上有牙仙子。如果你回到13世纪早期，你很可能相信地球是平的。认知的变化不是因为新的发现和学习，就是因为你的成熟和成长。

一个40岁的人仍然相信世上有牙仙子，或许不是一种令人满意和成功的生活方式，但是如果一个6岁的孩子相信世上有牙仙子，那就不足为奇。这是相当神奇的。不同的信念适用于不同的时代，足够灵活地看待事物的变化才是正常合理的。

在21世纪的生活中，有一种常态是事物在不断地变化。无论是我们组织的形状、主要城市的天际线，还是人们认为健康的生活方式……一切都在改变。

今天的生活方式可能比以往任何时候都更加灵活多变。而学会适应变化，看上去要比管理变化更有用。

在自然界中，我们随处可见灵活性的优点。例如：在大风中，柳树战胜了高大的橡树；在奔腾的河水中，水流绕过岩石，而不是被阻碍。

"随波逐流"可以使你面对变化时更加强大。对于那些喜欢计划所带来的结构感和控制感的人来说，流动性的概念可能是一个挑战，一个塑造适应能力的挑战。记住，它不是二元论，也不是流体或固体，它可以是两者兼具。

> 生存下来的不是最强壮的物种，也不是最聪明的物
>
> 种，而是对变化最敏感的物种。
>
> ——查尔斯·达尔文

大自然创造了健康的树木，其根系向四面八方伸展开来，给树木带来稳定，并使其能够从广阔的区域吸收养分。如果这些树根中的一根被暂时削弱（折断或枯干），其他的根就会变得强壮，让树保持生机和直立。

当维多利亚时代的水管在街道上被更换时，我往下水道里看，看到一棵伦敦梧桐的根部被割断了，但由于人行道下面的树根没有被伤及，所以这棵树仍然是健康的。

在生活中，想象一下树的根系代表了你的关键领域，要想像树一样健康生长，你必须从各个方面吸取营养。定期地、有意识地思

考生活中的关键领域，可以让你把精力集中在那些你可能会失去的部分，或者让你下定决心切断它们。我们的目标是让你在任何领域触底之前注意到这一点，并做出选择。选择由你决定，任何改变的时机都可能改变一切。

○　**练习**

生活平衡轮

时光易逝，生活是复杂的，而众多不同的角色和重要的领域则很容易失去平衡。这个练习的目的是让你有机会对你今天的状况做记录，这样你就能有意识地为明天做出选择。

1. 把你生活中的每一个关键领域都放在一个单独的车轮辐条图上。如果它们不适合你，你可以改变它们。

2. 从1分（低）到10分（高），给自己的满意度打分。记住，我们关注的是满意度而不是成就。你可能已经取得了巨大的成就，但并不满意；同样，你也可能只取得了很少的成就，但你真的很满意。

3. 在它们之间画线，把每个刻度上的标记连接起来，为你现在的平衡状态制订计划。

4. 看看你的平衡轮。它会让你的生活一帆风顺还是风雨飘摇？你需要注意的不仅仅是形状，还有尺寸。否则，小车轮容易被路上的车辙卡住。

5. 考虑下一步。哪些领域对你来说足够重要，并愿意投入精力进行改变？哪些改变能帮你划分事务的轻重缓急？

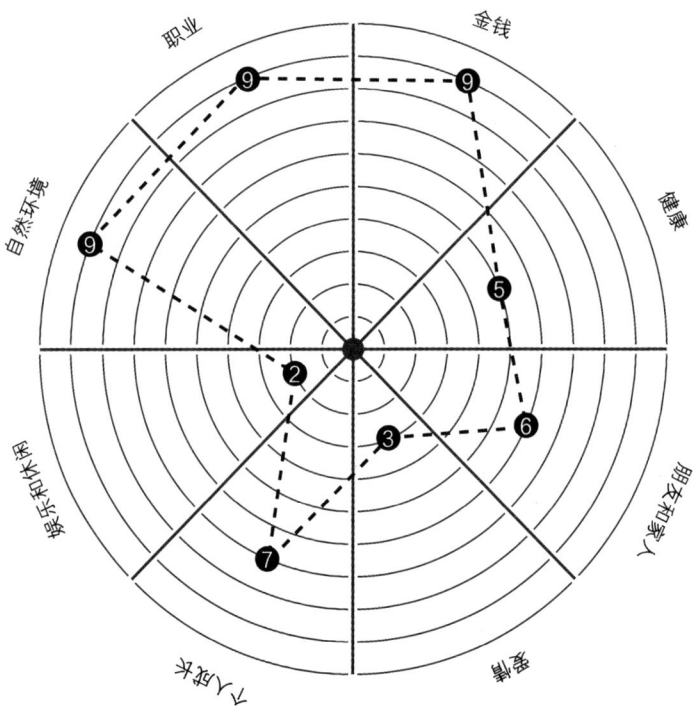

图3-5　生活平衡轮

记住，生活中没有完美的平衡——从这一点来说，生活太不稳定且变化太快了。

　　了解你当前的生活平衡轮有助于你做出选择，并决定是否要在有缺陷的领域设定一些目标。如果你决定采取一些行动来调整你的生活平衡轮，那么在重复练习3个月后，看看你会怎么样。你也许想和一个伙伴一同完成练习，这样你们就可以设定相同的目标。

CHOICES

第四章

一切皆有可能

anything is possible

所有的旅程都有一个起点和一个终点。无论是预约一辆出租车去一家餐厅，还是更具美学意义的人生之旅，都需要你描述当前的位置以及想去的地方。也许你会遇到障碍，然后更改线路，或者在路上耗尽了车辆的燃油。诀窍就是，你要明白无论发生什么事，一切皆有可能……这包括接受你的起点。

你们中一些人的起点也许与我的一样，是廉价公租房，在那里，有野心并不算是一件值得庆幸的事情。有可能你和我的好朋友丽贝卡一样，出身于条件优渥的家庭，但想凭借自身的力量而功成名就，而不是仰仗家人，或者介于两者之间。

无论你的起点如何，有一件事是肯定的：你无法改变这一点！所以你可以选择接受它，打电话叫车，然后出发；或是假装你的起点在别处，生活在否认和挫折中，而出租车无法找到你所在的位置，将你送往你想要去的地方。选择权在你的手上。

和你内心的评论家做朋友

一切皆有可能……

你可能会发现你脑海中的声音，也就是你内心的评论家，开始说一些"不，它不是"或者"我们走吧，顺其自然的乐观主义者"之类的话。现在你可能会对自己说："内心的评论家，这是什么意思？""我没有这些，我的脑海里没有这些声音。"好吧，如果你是这种态度，那么我所说的声音就是那道对你说"没有"的声音。

把你内心的评论家当作一个人，而后思考如何与他建立联系。如果有人站在你面前对你说你不能做什么，或者你很愚蠢，我相信你会倾听并做出相应的反应。你的反应可能取决于这个人言语和行为背后的意图，但你会做出反应，他也会做出反应。例如：如果你选择争论，他很可能会反击；如果你选择问问题来理解他的观点，那么他可能也愿意和你交流；如果你选择忽视他，那么他可能会更大声地说话，直到你听到。

你可以用类似的方法来处理内心的声音，这很有效。不过，你需要做的第一件事就是理解它背后的意图。

作为一个人，生存是你与生俱来的本能，所以，可以放心地假设：你做的任何事或想的任何事都是为了自己好。它也许有积极的意图，但并不意味着你对自己说话的行为会以一种有用的、友善的或积极的方式表现出来，甚至也不意味着这种方式会奏效。

也许你内心的声音会说："别试了，你太笨了，肯定做不到。"或者说："他们不会喜欢你的，你太胖、太老、太矮了……"了解这些声音背后的意图，从而知道它想要实现的目标。忽视它，让它闭嘴或者和它争论都需要耗费大量的精力，而且会阻碍你前进的脚步。如果你忽视它，会发现它的声音越来越大；如果你让它闭嘴，很可能会以内部争吵而告终；如果你陷入与自己的争论中，就不会有最终的赢家，只是浪费精力。

○　故事

我曾和一位品牌经理人汤姆在一家享誉国际的饮料公司共事。我发现，汤姆内心的评论家一直很忙。有一阵，我和他谈到长期的职业目标和愿景，他似乎真的陷入了思考中。这对他来说很不寻常，因为他向来富有创造力，干劲十足，而且被视为公司未来的领导者——他有能力担此要职。

在攀谈中，我注意到，每当我让他思考两年之后的境况时，他就会陷入迷失自我的状态，这让我很好奇。所以，我让他停下来，回想他对自己说了什么。

正如我怀疑的那样，他内心的评论家告诉他，没必要进行长期规划，因为他的职业生涯掌握在他的老板手中，他无力改变现状。然后，他展开了激烈的思想斗争，一方是他应该对自己的成功负责，另一方则是不用负责。

在那一刻，我让他停顿一下，深呼吸，从思想斗争中退出来，然后问自己一个不同的问题——"内心的评论家，告诉我，我的老板掌握着所有权力意味着什么？它的预期结果是什么？"

考虑了一会儿之后，汤姆对我说，他内心评论家的意图是保护他免于失败。如果他相信他的老板有权力，那么他就不会失败。受到保护是一件好事，但与此同时也产生了负面影响。这让汤姆无法看清自己想要的职业发展方向，更不用说向公司提出晋升了。

因此，我们要寻找其他方法来减轻对失败的恐惧，这样才能采取行动、继续前进。如果我们没有与内心的评论家成为朋友，不了解它想要实现的目标，那么我们就无法做到这一点。

○ **练习**

与你内心的评论家对话

第1周：在这一周，你要倾听你内心的声音。不要评判，让它说它想说的，并记录它说了什么。

第2周：在捕捉到内心的声音之后的一周，让自己变得好奇。问自己内心的声音（好像是另一个人），它背后的意图是什么，然后对它表示感谢。

第3周：请注意你内心的声音是如何与你说话的，以及它说了什么。如果它的某些陈述仍然存在，那么是时候用一些有创意的想法来更有效地实现它的意图了。

第4周：现在，注意你内心的声音。如果你愿意，请表示感谢和安慰。为你内心的声音创造新的东西，让它告诉你，你会在某种程度上得到力量或提升能力。

响亮的内心声音可以激励人

你的动机不同于其他人，但是一些人也会有与你类似的动机来驱使他们前进。例如，在健身方面，我会受到最终结果的激励，并且在此过程中获得一些乐趣，而我的朋友艾莉森则受到"训练营方法"的极大激励，当有人对她尖叫时，她会更加努力。如果她采用我的策略去想象最终结果，那么她永远都不会付诸行动；如果我采用她的方法，最终也会像她那样容易被他人影响。当你管理自己和他人的时候，要知道自己是天生就被目标吸引的人，还是更愿意远离自己不想要的东西的人，这相当重要。这是一种思维模式，它会无意识地影响你做出的决定和选择。

○ 故事

我与建筑行业的人力资源专家阿拉娜合作时，遇到了一个典型的例子，它说明过度使用偏好可能会造成一种障碍。

阿拉娜曾处理过从军事到商业的各种合同，她面临的最大的挑战是鲍勃——一家以军事业务为主的公司的总经理。

鲍勃所在的公司有一个问题——关键岗位上的两位总监在运营方面没有达成一致。他们为了实现各自的目标，以不利的方式影响了彼此的业务领域。为此，鲍勃不得不努力调和两人。

阿拉娜来找我，探讨她怎样才能帮到鲍勃，以使他更有效地领导和管理他的员工。在深入研究了阿拉娜和鲍勃的履历之后，我发现他们在动机方面都有明显的偏好。

为了让他们中的任何一个能够积极参与或采取行动，需要使用一种"利诱法"，即一旦事情发生变化，给予奖励和积极成果促使他们继续工作。而他们也经常使用这种方法来激励高级管理人员。虽然他们明确表示，这种方法不宜长期使用，必须适时改变，但他们一直在使用基于结果和解决方案的语言，试图吸引高级管理人员——收效甚微。他们似乎都倾向于描述最糟糕的情况，因为他们都是非常优秀的风险评估经理（鉴于他们所处理的军事合同的性质，这是一个非常有用的特性）。

这给了我一个启示，鲍勃和阿拉娜需要考虑这些问题：当高级管理人员不团结时，将会造成什么后果？如果相关人员继续如此，将会给他们自身乃至整个公司带来哪些负面影响？

解决问题的关键是，让那两位总监意识到他们可能面临的最糟糕的情况，提前采取行动，积极去应对。

在生活中的不同领域，你可能会有不同的首选激励策略。也许是想象在阳光明媚的日子去打高尔夫球，或是与孩子一起玩耍……这都会激励你继续努力工作。然而，在健康和健身方面，你通常会遇到相反的情况。也许你与艾莉森类似，喜欢她的"训练营方法"，或者像她那样想象自己肥胖、邋遢、懒散的形象，来督促自己健身。二者不同但都有效——只要它们在那个领域符合你的偏好。

注意到你的动机是什么和其他人的动机又是什么，可以让你成为一个真正的适应力强、工作高效的领导者。无论是领导一个组织、一个家庭还是你自己，能够在合适的时间靠近或远离激励的按钮，都会让你更接近目标。

○ **练习**

你的动机风格

了解你是否被某种东西吸引，并希望得到更多的东西，或者你是否被迫停止正在做的事，这都会影响你在日常生活中的表现。

1.就你生活中的各个领域，问自己以下问题：

"在……的背景下，你还记得自己完全被激励的情形吗？你还记得具体的时间吗？"

2. 回到那个时候，重新体验一次。请留意，在你完全被激励之前，你有什么感觉？给这种感觉起一个名字，例如，激动。

3. 这对你来说有什么重要性？例如，兴奋。

当你回答问题时，请注意，你的答案是关于变得更接近事实或得到更多的东西，还是关于避免某些事情。

一旦你知道了自己的动机，就可以主动利用它们来让自己做点什么，或者更快地对自己的选择进行分类。例如，如果你的前五项动机分别是结果、满意度、乐趣、成就感和金钱，那么你可能会用它们作为触发因素来设定目标。为了说服自己，你需要听到一些类似这样的话："好吧，莎拉，因为我非常看重你的业绩和满意度，所以我想告诉你一个即将上市的新培训项目。它以一种非常有趣的互动方式进行教学，旨在帮助你从生活和工作中获得更多的成就感，同时提高你赚钱的能力。听起来有趣吗？"

有时，那不是你内心的声音

　　在所有关于内心的声音的讨论中，你可能最想知道它们究竟是如何出现的。婴儿和蹒跚学步的孩子有内心的声音吗？这是一个有趣的问题，众多儿童专家会给出不同的答案。我倾向于这样回答：我们注视着躺在婴儿床上的婴儿，用滑稽的声音逗他，虽然他还不会说话，但是他会用表情或动作回应我们，这也许就是他内心的声音。

　　尽管专家们对此意见不一，但从个人经验来看，我可以肯定地告诉大家，作为一个成年人，你内心深处的一些声音并不是你自己的。在你生命中的某一时刻，别人可能会无意中对你说些什么，这些话会深深地烙印在你的脑海里。你可能已经从他们所说的话中构建了某种意义，并一遍又一遍地重复它。

○ 故事

以前，我进入过一个不适合自己的行业。在那里，我无法发挥自己的优势，也无法让自己开心。那时，内心的声音对我说："祝你工作顺利。"

现在，我知道那道声音并不是我自己的，而是我父亲的……但据我所知，他从来没有对我说过那样的话。（父亲，当你读到这篇文章的时候，谢谢你的精彩故事。我保证这不是你的错，而是我的错。）

陪伴我成长的父亲是一名电信工程师，也是一名伟大的数学家。在成长期，我倾向于当一个假小子，而不是娇滴滴的女孩。因此，我迫切希望做一些与父亲有关的事情。当填报中等职业学校的学习科目时，我做出了自认为非常明智的选择——科学和数学，这样我就可以找到一份合适的工作。那时，英国正在大力发展商业和科技领域，等我学有所成后，即使无法进入这些领域，起码还能成为一名秘书。

如今，作为一个41岁的人，回顾13岁时的决定，我不知道是该笑还是该哭。我对这种理性的方法印象深刻，也惊诧于自己当初做决定时竟然没有丝毫犹豫。尽管后来事情并没有按我的预期发展，但我依然庆幸有这样的经历，也绝不后悔。

小贴士：

作为一个孩子或一个成年人，你内心有一种被爱的需求。由于这种基本的人类需求，你在很小的时候就会做出决定——怎么做才最有可能从你生命中重要的人那里得到爱。作为一个成年人，如果你想摆脱以前的决定，那就看看是谁在驱动着你做决定，知道这一点可以改变你的生活。

位置——起点不决定终点

如果你相信你来自哪里，或者你现在的位置决定了你未来在哪里，那么它将成为现实……即使它不一定是真的。坚持这种信念会严重损害你的可能性。

尽管与跳蚤相比，我们拥有广博的智慧，但在自我限制方面，我们似乎也有类似的模式。我曾在自然历史博物馆看到过一个实验，用跳蚤和带盖子的盒子来展示进化周期的某些部分。跳蚤可以跳到其身长200倍的高度。想象一下，相较于人，这有多么震撼。如果你把跳蚤放在盒子里，盖上盖子，跳蚤可能会试图跳出来。当它撞了很多次盖子之后，你可以把盖子拿下来，不用担心它会跳出来，因为它不可能再跳得比先前撞到头部的盖子的高度更高了。

作为人类，我们不太可能真的被关在一个盒子里并撞到头，但从比喻的角度来说，我们一直在限制自己的思想和信念。这可能有助于保护我们免受想象中的失败或嘲笑，但也意味着我们只能留在原地或被困在某个盒子里。除非我们有意识地选择跳出去——这是随时都可以做到的。因为我们比跳蚤聪明得多，所以我们有更多的选择。

○　**故事**

几年前，我曾为伦敦一家大型保险公司的营销总监安德鲁进行职业指导。安德鲁自从工作以来，就在这家保险公司任职，而且是董事会中最年轻的成员。总经理约翰非常看好安德鲁，他相信安德鲁有能力在未来七到八年内成为自己的继任者。

然而，安德鲁的一些行为特征阻碍了他自身的发展。在董事会会议上，他倾向于保持沉默，而不得不发言时，语气中却总是透露着歉疚。在制订营销方案和营销计划的过程中，大家认为他过于注重细节，缺乏战略眼光。

基于这些问题，安德鲁向我寻求职业指导。通过谈话和观察，我发现他并不缺乏战略思考的能力，而是缺乏信心和信念。他脑海中有这样一种思想——作为来自底层的后辈，在面对其他董事会成员时，他唯有通过技术知识才能展现自己的能力。这迫使他在谈话中甚至在演示幻灯片时会自主地添加很多数据，却完全没有考虑听众的感受以及听众真正想听什么。他可能不知道，这其实是无益的行为。

在我的帮助下，安德鲁意识到了这种想法的错误之处，开始获得新生。他明白了，他和20世纪70年代乃至80年代的那个他不一样，他相信自己能够变得更好，在2012年坐在办公桌旁的这个他就属于这里。当我看到他身上发生的变化，尤其是有趣的生理变化时，我感觉他似乎在某种程度上变得更高了。

在约翰心目中，安德鲁依然具有巨大的潜力。果然，通过我的指导，安德鲁在六个月后晋升为国际董事，并能够把他的技术知识和战略愿景轻松地展现出来。真替他开心。

小贴士：

你上一次获得新生是什么时候？和年轻的自己聊聊，让他知道你过得怎么样，让他知道你已经度过了青少年时期，现在已为人父母了，事业正在上升中……无论你现在是何种境况，都让他知道，并注意由此带来的放松。

同龄人群体很重要

自20世纪50年代以来，包括阿希从众实验在内的研究向我们展示了群体动力学的力量——与我们在一起的人对我们的行为和选择有着巨大的影响。

在阿希从众实验中，每7个人分成一组，坐成一排，但其中6个人是事先安排好的实验合作者，即假的被试，只有一个人是真的被试。阿希每次向这7个人出示两张卡片：第一张卡片上画有一条标准线段X；第二张卡片上画有A、B、C三条不同长度的线段，而且可以明显看出来三条线段中有一条是与标准线段X等长的。接下来，被试要说出第二张卡片上的三条线段中哪一条与第一张卡片上的标准线段X等长。

阿希故意让真的被试最后一个回答，在第一次和第二次测试中，7个人的回答都没有区别；但在之后的实验中，前6个事先安排好的被试会按照阿希的要求故意说错，以此来观察真的被试的反应，判断从众行为是否会发生，结果真的被试很快就默认了前6个人的错误选择。这之后，阿希按不同组别进行了多次实验，但所得结果均非常相似。

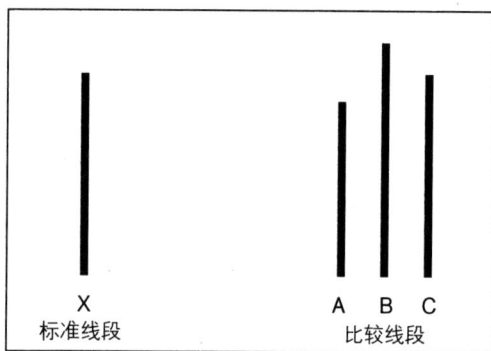

图4-1　阿希从众实验中的四条线段

这个实验的视频在YouTube（优兔）上就有，值得一看。你不仅可以看到那个时代的时尚潮流，还可以看到真的被试在决定该选哪条线段时脸上困惑的表情。

同龄人的影响在各行各业都可以看到，从海军陆战队的顶尖队员到《英国偶像》中那些无论"好、坏、美、丑"都在拼命追逐梦想的人，不胜枚举。在选秀节目中，那些真正才华横溢的人是一个规模很小但很重要的群体，他们的表演都具有十足的观赏性，令人遗憾的是，他们并不被主流社会和教育领域看好。同龄人的影响可能会带来信心，但如果不是基于能力，那么最终的影响只能是有缺陷的，并且在长期内是有害的。

有一段日子，我住在埃克斯茅斯军营附近。在那里，我看到了一些令人印象深刻的人，以及他们在工作和娱乐中的影响力。

一个周末，我乘坐火车前往埃克塞特，与一名海军陆战队前队员进行了交谈，从中了解到他们退役后发生了什么。他们从一群精力充沛、热爱运动、被寄予厚望的同龄人中走出来，回到普通家庭中，过起了平淡的日子。周围的人不曾像他们那样有过惊心动魄的军旅生涯，因而更乐于接受日常生活的平庸。于是，在最坏的情况下，很多海军陆战队队员在退役后的最初几年里可能会患上抑郁症，而且其生活水平远远低于大众平均水平。可见，群体既会带来好的影响，也会造成坏的影响。

○ 练习

同龄人的影响力测试

是时候回顾一下你生活中的那些人了。他们为什么会出现在你身边？是你主动选择了他们，还是你习惯了有他们相伴，抑或是你觉得他们能给你带来帮助？他们的存在是否反映了你想要的生活？他们是支持你，还是索取多于给予？这些问题似乎很难回答。有时你会选择让他们留在你身边，因为他们是你的家人；有时你会刻意疏远他们，甚至与他们断绝关系。

1. 列出你目前和哪些人在一起。

2. 想一想他们何时进入了你的生活。

a. 那时你在做什么？

b. 那时你是个什么样的人？

c. 是什么让你们保持着联系？

3. 想一想你们今天的关系。

a. 他们对你的生活有积极的影响吗？

b. 他们是你崇拜的同龄人，还是反映了你想要的那种生活？

c. 如果他们不再是你生活的一部分，会有什么影响？可能发生什么或者不可能发生什么？

4. 列出你当前的同龄群体，找到你们之间可能存在的差距。

a. 你希望在哪里有更多的同伴？

b. 他们是有创造力的人吗？是有活力的人吗？还是……

5. 你希望自己的同龄群体是什么样的，以及你在未来12个月内想成为什么样的人？

6. 行动——做一些改变。

信念驱动现实——你要相信你所创造的

现实是一个有趣的词。它是一个概念吗？它究竟是什么？它重要吗？它对你有什么意义？我们的信念本质上依附于我们的价值观，这些价值观是我们生活中最重要的东西。你可能会认为他们无法改变，所以为什么要担心——但是如果你愿意，你可以改变。事情在重要性方面会发生变化，或者我们对事物的理解会随着时间和经验而变化。即使对于我们这些喜欢事物保持不变的人来说，生活也不是一成不变的。如果我的头发不会变白，如果我在40岁和50岁时保持一致的着装风格，那么我就能省下一大笔钱，还能省下很多精力。

如果你不改变自己的信念，你的生活将永远如此。

这是个好消息吗？

——毛姆

改变你的想法，改变你的现状

在英国文化中，当事情没有按照我们的意愿发展时，把注意力放在外部似乎成了一种普遍现象。例如，摔倒在一块松动的铺路板上，很多人首先想到的是"委员会应该解决这个问题"，而不是想着"我刚才走路真应该瞧着点儿"；没有得到晋升，有些人会认为这与面试官的偏见或体制的不公正有关，而不是责问自己本可以做得更好，或者让自己接受不适合这个职位的事实。

也许把注意力放在外部并没有错，但是如果你长期如此，并认为这是理所当然的，就会变得麻木和消极。

遇到问题时，把注意力放在解决方案上，可以让你知道自己想要什么，从而拥有更多的选择，且更容易获得成功。无论你想要什么，都会被它吸引，因此，如果你继续把注意力放在问题上，那么你很可能会得到更多类似的结果，或者肯定无法摆脱当前的状况。你甚至试图用以前奏效的方法来改变现状，却发现这次没有任何进展。如此一来，你会继续做同样的事情，会更加努力吗？还是会改变你的方法？我建议你改变自己的方法，那样更有可能取得成效，尤其是如果你还记得那句古谚语——做同样的事情，却期待不同的结果。

> 我们不能用制造问题时的思维方式来解决问题。
>
> ——爱因斯坦

把注意力放在解决方案上，这种思维方式对于个人来说大有裨益，在组织层面也能产生惊人的效果。

○ **故事**

我在一家全球性的制造公司工作时，听说他们在意大利的制造工厂遇到了一些麻烦。这与欧洲的健康安全局以及人力资源纪律流程有关，所以我把他们介绍给了一位在该领域具有丰富经验的同事阿黛尔。

阿黛尔认真研究了这件事。很明显，该工厂因为安全漏洞而被通知整改，实质上问题出在车间员工未佩戴安全护目镜上。

人力资源团队和管理层已经尝试了一些传统的方法来改变他们

的行为，比如书面警告和更多非正式的要求，但都无济于事。

阿黛尔和我讨论后，决定将注意力放在解决方案上，于是我们想到了很多开创性的方法，最终帮助该工厂解决了麻烦。

○ **练习**

把注意力放在解决方案上

带着你当前想在工作或家庭中解决的问题，完成下面的步骤。问题不必很大，可以是一个日常问题，但一定要确保它对你来说足够重要。请留意，它会给你带来什么感受，以及它会对你有什么影响。

第一步，定义问题是什么。在阿黛尔的例子中，是车间员工没有佩戴安全设备，导致工厂面临整改。

第二步，明确你想要什么。如果明天早上醒来，你的问题已经消失了，那么对你来说，事情发生变化的第一个迹象是什么？在阿黛尔的例子中，是整改通知被取消，所有车间员工都会愉快地佩戴安全设备，包括护目镜。

第三步，思考问题的根源是什么。在阿黛尔的例子中，是车间员工觉得安全护目镜的样式不够美观，所以不愿意佩戴。

第四步，把这些想法应用到你目前的处境中。在阿黛尔的例子中，公司管理层与普拉达的一位设计师合作，为车间员工设计了一款全新的护目镜——它仍以保护眼睛安全为重点，同时加入了时尚元素，员工们很喜欢。问题解决了，皆大欢喜。

不愿承认错误似乎是一种天性

作为这个星球上的人类，每个人身上都有一些独特的东西，它可能会以不同的方式表现出来，但其根源却有着相同的驱动力。这是生存的本能，是避免错误的动力。我指的不是"不惜一切代价，我都是对的"，而是需要感到被认可。对我们中的一些人来说，可能会通过一较高下来达到这个目的，但对另一些人来说，可能会静观其变，而不是强行参与。

在组织中，通过观察他们使用的语言，你可以了解他们在这个话题上的创造力水平。当我在组织中工作时，我会留心听办公室里的大众谈话，这样我就能以开放的角度感受这种文化氛围。

如果我听到很多"是的，但是……"这种句式的话，那么我可以放心地假设该办公室文化中有某种防御性；如果我听到很多"是的，而且……"这种句式的话，那么我可以断定他们会快速进步，因为这意味着他们善于倾听和接受建议，而不是证明自己的观点。

"是的，但是……"这类话会让对方回敬你一连串的"是的，但是……"，并把你带入一种相当局促的对话氛围中，最终导致你们中只有一方是正确的，而另一方必须以某种方式让步。你甚至会在个人生活中听到这种谈话方式。

最近，我在听朋友们讨论他们今年的假期计划时就遇到了这种情况。事情是这样的：

马克："今年我还想去徒步旅行，也许是去墨西哥。"

菲奥娜："是的，但是我们已经有过徒步旅行的经历了，所以，这次我们能不能做些不同的事情呢？"

马克："是的，但我喜欢徒步旅行这项运动，也喜欢徒步探索的冒险方式。我们可以看清楚那个真实的国家，而不是旅游景点。"

菲奥娜："是的，但是墨西哥不太安全，我最近一直在努力工作，只是想放松一下。"

马克："是的，但是去海滩度假太无聊了。你知道我不喜欢闲坐着。"

菲奥娜和马克这样持续了很长一段时间，似乎毫无进展。他们没有制订好假期计划，因为还在讨论中。

如果他们采取了"是的，而且……"的说话方式，也许会有所不同。

马克："今年我还想去徒步旅行，也许是去墨西哥。"

菲奥娜："是的，而且我知道你有多喜欢它。我最近一直在努力工作，希望今年能多放松一下。"

马克："是的，而且这听起来真棒，不过我在海滩度假时会觉得无聊，所以我可能会把你逼疯。"

菲奥娜："是的，也许我们可以找到一个选择，包括活动，但要在度假胜地。"

马克："是的，如果我们能找到一个不太主流的地方，那就太好了，因为你知道我有多讨厌到处都是游客。"

菲奥娜："是的，我也同意，所以让我们去买一些旅游宣传册，然后在网上找找看。"

尝试一段时间，看看自己的谈话有什么变化。

我一直关注的一件事是，当你运用这两种不同的说话方式时，"是的，而且……"会让你更放得开，而"是的，但是……"却让你更局促。在局促的状态下，你的身体会产生防御行为，同时你会感到自己被忽视了，因而说话更大声。防御行为愈激烈，你就愈加封闭自我，也许这让你很受用，但这并不是进行创造性思考或寻求解决方案的最佳方式。

被评判的感觉可能会影响到你。我注意到，这是我与客户共事时常见的诱因，从工作内和工作外的个人经验来看，它确实会产生影响。我永远感激自己为防止被评判所做的工作，因为任何一个有小孩的人都知道，当你抛下孩子四处走动，或者冲孩子发脾气时，别人可能会对你做出评判。

当我们思考或做判断的时候，我注意到有一个词会使大多数人产生一种直接且微妙的反应，那就是"为什么"。如果有人先问你："你住在哪里？"再问你："那个地方有什么让你喜欢的？"你可能会以一种相当开放或放松的方式进行回复，因为你觉得对方非常感兴趣和好奇。如果同一个人先问你："你住在哪里？"再问你："你为什么选择那个地方？"你可能会有这样一种感觉——对方在评判你的选择。对一些人来说，这可能会让他对自己的选择或他居住的地方产生防御心理。

不过，在谈判中使用"为什么"往往会起到意想不到的作用，所以把它放在你的工具箱里吧，尽管你要考虑什么时候和谁一起使用它。

小贴士：

下次你问问题的时候，试着把"为什么"换成"具体是什么、谁、如何、在哪里"，并留意你得到的不同答案。

因此，在接触了一些可能构建我们的反应和信念的语言之后，来看看我们的观点。你很有可能相信你所持的观点或概括是正确的。它们不仅存在于你的思维中，还存在于你的身体上，因为当你第一次对某件事形成自己的观点时，就会感到兴奋，这既是一种生理反应，也是一种心理反应。你的大脑和身体会自主地做出反应，并留下记忆。你需要先在身体上为自己的观点辩护，因为它发生在无意识的层面上。然后你的大脑参与其中，寻找理由和反驳论点，开始恢复某种平衡和"正确感"。

这是一种完全健康的反应，你可以通过测试新的矛盾的想法来激励和练习。

在大多数情况下，你会发现你能够应对很多不适。如果有更好的或新的信息出现，提供了不同的视角，你可以改变主意。如果消息的来源让你感到害怕，或者你觉得自己很脆弱，或者存在很多风险，那么你可能不会轻易做出决定。

当你帮助别人做出正确的选择时，知道这一点会非常有用，因为你可以创造一个安全的环境，让他们得以探索自己的想法。当然，这也会影响你的决策力。如果你在一个选择上卡住了，那可能是因为你的观点太狭隘了，或者你进入了防御模式，你在某种程度上感到不安。

知道这一点意味着你可以改变它。你需要确保自己拥有健康的心态，这样才会觉得自己有能力去尝试和成长。

在这个不断变化的世界中，无论是在商业领域还是在生活中，那些能够挑战和成长的人都是保持活力且严格自律的人。

○ **练习**

意见

有意见并不是什么坏事。这在生活中是不可避免的，只要你承认它们是观点而不是真理，就可以使事情变得更加有趣。

花点时间考虑下面的陈述。首先注意你最初的直觉反应，然后思考你如何从每一个可能的角度去挑战和争论。

你对下列信念持何立场？

1. 每一种行为都有积极的意图。

2. 没有什么决定是完全错误的。

3. 每个人都有幸福的权利。

4. 每个人的世界观都同样真实、同样有效。

5. 每个人都有创造成功的条件。

6. 没有人会因为犯错而学习。

7. 良好沟通的关键是积极地回应对方。

当阅读意见陈述时，你注意到了什么？你对你同意和不同意的陈述有不同的反应吗？你是否已经开始考虑可能存在其他观点？

你对一些人有消极反应，考虑一下背后的原因，问题是出在你身上，还是对方身上。能够坚持自己的观点，并对他人的观点持开放态度，可以让你变得更有领导气质。

没有内驱力，你永远不会取得任何成就

　　大多数人可能认为拥有内驱力是理所当然的，或者他们之前没有想过这个问题。它让我们起床，让我们工作，让我们的生活发生变化。没有内驱力，你就会束手无策，被困在原地。

　　不知所措可能是我们过度使用内驱力的一个副作用，就像其他力量一样，如果过度使用，它就会变成我们的弱点。例如，专注是一种优势，但是过度专注可能会限制你，因为你会错过那些未能让你专注的事物；善良也是一种优势，但是过于善良就容易变成阿谀奉承的人，或者变成逆来顺受的人。

　　你想有所成就，这就是一种了不起的内驱力，它可以激励你达到从未想过的高度。

　　那些有成就动机的人，喜欢在完成任务时把事情从清单上划去。无论是休息日还是工作日，你都会有一份清单。这份清单不是被写出来的，而是只存在于你的脑海里，但它确实存在。当然，在脑海里形成这份清单要比你直接写在纸上用的时间更多。

你可能天生就有这种内在的激情，或者你发现自己会被那些主动做事的人吸引。无论哪种方式，值得肯定的是，成功者的内驱力能够帮助他们把事情完成。然而，如果过度使用内驱力，它通常会适得其反，或者变成自我鞭笞。如果清单太长，或者每天结束时都没有人承认你取得了什么成就，那么你可能会感到泄气和沮丧。如果你没有及时调整清单，而是一股脑照做，那么你就会觉得越来越吃力。

从职业角度来考虑，你会有这样一种感觉：每天上班时都要做更多的事情，且所有的事情都必须在今天完成。再加上家庭的压力，学习和成长的渴望，日常卫生的因素，不能拖延的日常任务，一眼看到清单上有这么多事情，你会不会觉得生活要爆炸了？

当你想在市场上建立业务或推出产品时，计划是关键。你将从资源（例如所需的人员和技能）到品牌再到沟通元素，规划出必经的阶段。

作为一名职业教练，当我给一些人进行培训时，我突然意识到，打造事业的方法似乎与打造产品的方法是一致的。毕竟，一份事业就是一系列的工作，而工作是用你的时间和技能换取金钱的交易，所以你只是在提供一个产品。

○ **故事**

有一次，我给一家电信公司的高级营销团队进行职业培训，便以这种方式与他们谈论了他们的愿景。

克里斯是团队中的一员，时至今日，他仍然在用一种过于死板的结构化方法来规划他的职业生涯，这对他造成了一定的阻碍：他已经30岁了，到了组建家庭的年龄，但是他觉得这正是成就事业的时候。为此，他陷入了两难。

我给克里斯提供了一个方法——让他把自己当作公司来经营，从而重新规划职业和生活。于是，他有了清晰的行动步骤，之前那种不知所措的感觉彻底消失了。

○ **练习**

把自己当作公司来经营

在今天的就业市场上，你只有脱颖而出才容易获得成功。其中一种方法是把自己想象成公司的总监，你的技能就是你的产品。如此，你会有什么不同的做法？

你需要注意很多方面，因此，请思考以下问题：

·你想让谁（导师、教练、支持者和挑战者）加入你的董事会？

· 你如何发挥自己的优势或弥补知识上的不足？

· 你的产品到底是什么？你预计谁会购买你的服务？你如何找到他们？你如何接近他们？你的竞争者是谁以及如何战胜他？

· 你想赚多少钱？你对风险的态度是什么？你希望未来几年有多少现金流以及把公司做成什么规模？

· 你想创造什么样的生活方式？

适时清理是最好的答案

不知所措可能会触发多种结果，而无论是哪种结果，都会让你有一种相同的感觉—— 一种暂时瘫痪的感觉。这份工作太难了，你满脑子想的都是"我的天啊"，或者当你有太多的事情要做，却不知道从哪里开始的时候，就会产生这种感觉。

如今，对很多人来说，这已成为一种越来越普遍的感觉，因为他们以往从未拥有过如此多的选择，也从未处理过如此多的信息。

回到20年前，如果你要研究一家特定的公司，或者要了解一个市场、一个主题领域，你必须去图书馆或者相关的公司。那时，你遇到了难题，只能依赖自身的学识或经验去解决它，而今天，打开智能手机或平板电脑，用一个简单的搜索引擎就能找到答案。

足不出户看世界的能力让你认识到未来充满了无限可能。一切美好的事物都在为你提供更多的选择，伴随选择而来的是责任，伴随责任而来的是对失败的恐惧，或者害怕走上错误的道路。这样也好，不然，你还以为自己无所不能呢。

就我个人而言，我永远不想回到那个"人们唯一的选择就是做什么晚餐"的时代，而我的母亲就是这样度过的。作为一个女人，能够选择与谁结婚，能够在最佳生育年龄成为母亲，能够从事自己喜欢的职业，这是我莫大的幸运。

我很高兴自己既是职业女性，也是妻子和母亲。尽管这种"面面俱到"的压力确实很巨大，但对我来说，这就是我为什么在2013年及以后的日子里能够处理好生活中那些让人喘不过气来的事情。

如果你觉得学习如何管理压力是有必要的，那就进行下面的练习吧！

○ **练习**

精神上的适时清理

无论学习什么技能，只有不断地练习和实践，才能得心应手。因此，要想清理你的精神，你必须全神贯注，并在执行步骤的过程中感受变化。

1. 为自己找一个舒适的环境，一个能让你闭上眼睛展开想象的地方。

2. 现在，闭上眼睛，想象你正从你家的前门走进来。院落中，恣意绽放的水仙花吐露着金黄色的花蕊，似乎在冲你点头。和煦的风拂面而来，你仰头微笑，突然间意识到，是时候进行大扫除了。

缓步进入屋内，温暖的阳光照在背上，你开始在脑海中列出需要整理的所有区域，以确保不会有所遗漏。

走进厨房。你要做的事情包括：清洗碗橱，重新整理碗、筷等餐具；检查冰箱里的罐头，把过了保质期的扔掉；清理燃气灶和油烟机上的油污；擦拭烤箱外层的灰尘……

走进卧室。你要做的事情包括：清理衣柜中很久没穿的衣服；捡起丢在各处的脏袜子，留待清洗；收起滚落到床板下的物品，并打扫床板下的垃圾；整理电脑桌上散乱的资料……

走进浴室。你要做的事情包括：清理浴室柜，处理过时的东西，确保旧产品被清除；清理水槽的内部及侧壁、瓷砖、镜子、浴巾……

3. 正如你想象中那样，在你家里每一处需要整理的地方，都有可能会让你感到不知所措。对每个人来说，不知所措的感觉是不同的，无论你在哪里感到不知所措，都需要停下来喘口气。

4. 被压得喘不过气来的时候，就是需要把事情分块处理的时候。首先，想象一下，所有的房间不一定都在同一个空间里，你可以（在你的脑海中）把厨房推到左边，把浴室推到右边，把卧室放在正前方。于是，所有的房间都有了全新的方位。

a. 进一步细分。从厨房开始，向你刚才移动它的左边看，现在把它拉向你，让其他房间在你的想象中向后移动。将每个需要分类的区域按照与房间相同的方式分开：把橱柜推到左边，把冰箱推到右边，把烤箱放在正前方……

b. 再进一步细分。从碗橱开始，向你刚才移动它的左边看，现在把它拉向你，让其他厨房设备在你的想象中向后移动。然后，清洗碗橱，整理碗、筷等餐具。

c. 就这样，所有需要整理的东西都被你排好了顺序。按照顺序，你每次只需专注地处理一件事。

5. 通过以上步骤，你已经有了一份精神上的或书面上的清单，每件事都被划分在适当的时间线上，再由你逐一完成。

注意在你自己的时间线上把每件事都划分好会有什么不同。答案是，每件事都是可以独立完成的，一次只做一件事。

你的舒适圈正在杀死你

在必须改变之前，保持舒适是人类生活的一部分。只有当一些事情令你太痛苦，或者你被一些令人信服和愉快的事情吸引时，改变才会发生。

你多少次听到有人说："真不敢相信，过去这么多年了，我竟然还在这家公司工作。"

"我只打算在这里待上一两年。"自从成为职业教练以来，我经常听到这种说法。在经济不稳定的年代，这似乎变得更加普遍。也许是因为人们对舒适和稳定的渴望越来越强烈，与其冒着巨大的风险四处闯荡，不如在一个无比繁荣的就业市场中谋生。

> 走出你的舒适圈。只有当你愿意尝试新事物并感到尴尬和不舒服时，你才能成长。
>
> ——布莱恩·特雷西

多年来，有很多关于人类行为及其发展变化的研究。所有的研究都来自不同的角度，都有一些值得你学习的知识。

我发现其中一种有用的知识是，除非有"必须"或"需要"存在，否则你做出改变的可能性很低。这在我自己的生活中也得到了证实，而且与我担任职业教练时的所见所闻一样。当我听到"我正在努力……""我应该……"或者"我想……"的时候，我就会知道说这类话的人需要做些什么来改变自身。

也许你被告知有些事情需要改变，但并不是你真正想要改变。社会压力或来自老板的指示可能会促使你做出改变，但这些还不够，对你个人来说，必然会有一个"无论结果如何，也要拼命一搏"的动机。

○ **故事**

在担任职业教练的七年中，我为数百人提供了指导服务，积累了数千小时的经验。而在这段时间里，我曾多次主动放下工作，并终止了几份合同。这是因为，任凭我使出浑身解数，也无法让某些我为之服务的人做出任何改变。

有一次，我和一位就职于某国际建筑公司的客户德恩合作。他曾在该公司位于中东的一家分公司担任总经理，并就就业业地工作了近30年。回到英国的总部后，他时来运转，晋升为董事会成员。

德恩的办事风格独断专横，这对他现在管理的高素质专业团队产生了消极影响。为了帮助德恩管好团队，董事长和人力资源总监都参与了德恩的目标设定工作，还就他们观察到的和认为需要在行为方面进行调整的内容提供了详细的反馈。

德恩出席了我们的会议，一番探讨后，他承诺采取行动、改变现状。但让我惊讶的是，这似乎没什么进展。经过深入调查，我了解到，尽管希望改变的每一方都是利益相关者，也都理性地参与了进来，但无论是积极的还是消极的改变，都没有任何结果。德恩纵然延续他的办事风格，也不会受到任何伤害；反之，如果德恩愿意改变自我，他也不会得到任何回报。所以站在德恩的立场上——他为什么要努力去改变呢？

舒适圈会给你带来哪些阻碍？如果一切皆有可能，你会改变什么呢？

CHOICES

第五章

就是现在，行动起来

the time is now，let's do it

赶快行动起来，做出选择，然后做一些事情，做什么都行。如果你想尝试一些新的东西，哪怕只是做出一些微小的改变，也需要采取行动。总会有些时候你需要置身事外，再三思考，然后动手去做。一旦做出了选择，就需要行动起来，并取得一番成就。

缺乏活力，你就会一事无成

充满活力的人，往往生机勃勃；缺少活力的人，往往死气沉沉。

做出选择其实很简单，真的。回头想想走过的路，你就会发现，在做出选择之后你都会采取行动，即便这个行动是原地踏步。

行动的形态、大小、速度与强度各不相同，它们具有的一个共同点就是你需要怀着信念，且目标明确。

在行动的那一刻，你很清楚自己在做些什么，而且相信自己一定可以做到。至于之后你的信念是动摇还是坚定，另当别论——这是要不要继续维持活力、保持势头的问题，而不是要不要开始行动的问题。

你知道如何迈出第一步，而且每天都会这样做，做很多次，除非日复一日地坐在同一个地方却什么也不做。

了解你自己的风格

要想做出改变，就需要了解一些与活力有关的事情，知道如何利用并且保持活力。因此，了解自己的活力风格将对你大有裨益。

○ 故事

当我住在汉普郡新林区，并在位于钱德勒福特的百安居总部工作时，我就已经发现风格偏好的差异是我无法应对压力、调整活力水平的核心问题。我知道，我需要一些思考的空间与时间才能置身事外，变得更有战略眼光。然而，我需要完成的事情实在太多了，我根本无法停下自己的脚步。

我为自己设定了阅读商业文章的目标，在日历上标出了离开办公桌去独立思考的时间。我相信，安静的独处时光就是答案。一开始，事情总是能顺利完成，但是到了第三周或第四周之后，我就再也坚持不下去了。活力渐渐消散，行为上变得无以为继。

见过我的人都会说，我喜欢和人打交道。与独处相比，身处人群之中反而会让我充满活力。这种认知让我意识到，也许我需要尽力开辟一个属于自己的思维空间。因此，我做出了一次尝试。

在我的住所与办公室之间有一家健身房。我之所以知道健身房的存在，是因为我在下班回家的路上经常被堵在M271高速公路上，而这家健身房就在高速公路的右边。我成了这家健身房的会员，每晚在健身自行车或是跑步机上锻炼一小时左右，然后进行思考。

我的周围都是人，但我不需要与他们交流。因此，我能够让自己保持较高的活力水平。我需要这个空间来置身事外，打开思路。除此之外，我比以前更加健康了。可见，放空头脑、沉思冥想不一定非得在安静的环境中进行，甚至连静坐都未必需要。

○ **练习**

你的活力偏好

这则故事的核心就是与活力相关的偏好，这也是众多心理学家一直强调的内容。

20世纪50年代，一对母女创造了一种以荣格心理学为基础的大众个性偏好研究工具。我觉得这个工具很有意义而且十分清晰。

尽管它与心理学密不可分，但那些不是心理学家的人也能轻松理解它，并将它运用到日常生活中去改变他们的生活。

迈尔斯－布里格斯类型指标中的一种指标可以告诉我们，我们的活力源自哪里，这是在思考我们应该如何做出选择以及抉择时需要怎样的活力的关键。

表 5-1　外向者与内向者比较表

外向者	内向者
·适应外部环境 ·倾向于通过谈话进行交流 ·通过说服别人来实现想法 ·最佳的学习模式是实践或讨论 ·兴趣广泛 ·善于交际、富有表现力 ·随时准备在工作与人际关系中采取主动	·受到内心世界吸引 ·更喜欢以书面形式进行交流 ·通过对想法进行反思来实现想法 ·最佳的学习模式是反思与心理实践 ·集中深入拓展兴趣 ·孤僻，内敛 ·只有觉得事态紧急的时候才会主动

阅读上面表格中的描述时，最好能够记住几件事情：

1. 这些描述使用的是20世纪50年代的语言，当时的词义与现在的有所不同。到了21世纪，一些词的词义已经与之前有所不同，例如，"introversion"并不意味着害羞。

2. 作为人类，我们具有多面性。因此，你可能会发现这两种特征都能在自己身上找到。就像尽管你是右利手或左利手,你很可能也只是偏爱使用右手或左手而已。

3. 偏好不是衡量能力的标准,它与我们的活力有关,与写字类似,即便你是右利手,也有可能字写得很难看。

这些词语可以帮助你确定你的偏好。哪种描述与你更为接近?哪种描述让你觉得更加亲切?

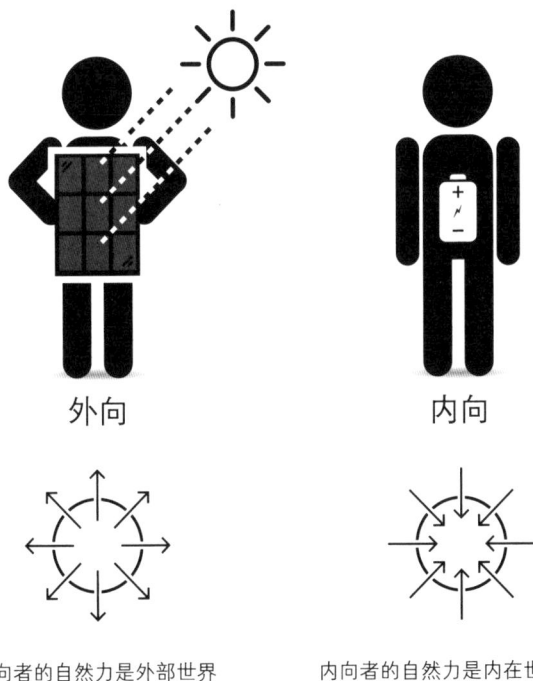

外向

内向

外向者的自然力是外部世界

内向者的自然力是内在世界

图 5-1 外向者和内向者

　　一旦了解了自己的偏好，你就能够选择适合你的环境与活动。要是希望自己的字能够写得更加漂亮，右利手们练习用左手写字就没有什么好处，所以在管理活力时，用最自然的方式加以练习才有意义，你才能够更快地获得更好的结果。

　　了解活力类型也意味着你可以快速了解和管理会对活力产生影响的压力源。这意味着你可以在生活中做出正确的选择，以帮助你更好地管理自己的活力。

○　**练习**

　　应对不同类型的压力源

表 5-2　每种类型在工作中所面对的典型压力源

外向者的压力源	内向者的压力源
·与他人合作 ·经常进行电话沟通 ·经常与他人互动 ·不假思索、快速行动 ·多任务与需求并行 ·频繁获得口头反馈	·独立工作 ·主要通过电子邮件沟通 ·长时间工作不被打扰 ·采取行动之前必须反思 ·深入研究某个问题 ·仅获得书面反馈

只要你觉得上述压力源对你来说十分熟悉，那就问问自己下面这些问题：

1. 你现在的环境（工作）对你的偏好产生了多大影响？

2. 你可以做些什么来更好地满足你的需求、避免压力？

应对与众不同

大多数人都没有机会选择自己的工作搭档。即便你自己就是老板，而且可以亲自招募员工，你也需要聘用掌握各种技能且个性各不相同的员工才能保证工作顺利完成。这意味着，学会有策略地应对自己与团队成员之间的不同，将对你大有裨益。

如果你发现在自己所处的工作环境中，多数人的活力类型都与你相反，那么这些策略也许有助于减小这种影响。

如果你是外向型，而你的团队（工作组）成员大多属于内向型，那么你可以试试下面这些建议：

· 与团队或公司以外的人员建立联系。

· 要求其他人在与你谈话的过程中分享他们的想法。

· 留心书面通知与电子邮件。

· 允许其他人对你的想法进行一番思考之后再给予反馈（如果有必要的话，你可以在心里默念十个数）。

如果你是内向型，而你的团队（工作组）成员大多属于外向型，那么你可以试试下面这些建议：

· 比同事早到工作岗位，享受平和与宁静。

· 刻意寻找反思的时间。

· 走远路回家。

· 试着在会议中将你充分思考后的观点表达出来。

管理好你的活力并不意味着你必须成为一位瑜伽修炼者。花几天时间来平复心境，稍事休息与放松是一件奇妙的事情，它可以帮助你保持健康。但是，对于具有不同活力风格的人来说，休养与恢复所代表的意义也许大不相同。对于一些人来说，参加泛舟活动远比做瑜伽更能带来内心的平静。

　　腾不出时间娱乐的人，迟早要为疾病腾出时间。

—— 约翰·沃纳梅克

活力就是力量

无论从字面意思来看还是从比喻的角度来看，活力就是力量。无论你想到的是国家电网与发电站提供的电能，还是你所散发的个人活力，它们都不是静止不动的。这种运动的速度不需要很快，不过在当今这个世界，速度似乎与胜利存在着关联。

> 如果一个人走错了路，他不需要动力来让他加速，
> 他需要的是教育来让他改过自新。
>
> ——吉米·罗恩

还记得龟兔赛跑的故事吗？

很久以前，一只兔子遇到了一只乌龟。乌龟正慢吞吞地向着市场爬去。兔子很为自己的速度自豪，并且奚落慢慢爬行的乌龟。但是乌龟脾气很好，笑着说："虽然我腿短脚小，但我可以在比赛中

战胜你。"骄傲的兔子嘲笑道："我眨眨眼睛就能把你甩在身后。"
于是兔子立即同意比试，因为它知道自己绝对不会输。

第二天，丛林法官大象阿尔夫大声地为比赛发令："各就各
位！预备！跑！"大多数动物都在市场附近的终点线旁等待，还有
一些在路上为乌龟加油。

跑完一半路程后，兔子回头看了一眼，发现乌龟已经被自己远
远地甩在了身后。兔子心想："睡一觉吧。我跑得快，轻轻松松就
能赢得这场比赛。"于是兔子便坐在树下打起了盹。乌龟从兔子身
旁爬过，发现兔子正在睡觉。它一边继续往前爬，一边暗自发笑。

一觉睡醒之后，兔子发现比赛已经结束了。它被从自己身旁
爬过的乌龟甩在了身后，错过了赢得比赛胜利的机会，乌龟已经
抵达了终点。骄傲让兔子吃了大亏，输给了充满自信并努力向前
的乌龟。

这是否意味着有时兔子未必就是赢家？我不知道。如果是100
米赛跑，那么可以说，起跑时的速度十分重要。但是了解当前背景
下需要哪些力量和活力则是成功的关键。在商业中，不可避免地会
出现有时需要以快制胜，而有时匀速前进却更为有利的情况。不
过，你上一次匀速前进是在什么时候？

速度往往会影响你施展自己的领导力。你可能会发现，如果你
像兔子一样飞奔，就无法施展自己的领导力。飞奔的时候，你还有

时间留意身边的人吗？

小贴士：

想想你所处的情景。用怎样的速度处理手头的事情最合适？

○ **故事**

战略总监凯丝一直就是职场中的兔子，并且在商界取得了不俗的成就。即使在这个岗位上取得了成功，她依然发现自己对于生活和工作都不太满意。

凯丝觉得自己在升任总经理的道路上毫无进展，而且由于通勤时间过长，错过了陪在年幼的孩子身旁的时光。直到放慢脚步，有意识地选择离开伦敦之后，她才有更多时间留在家里（这并不困难，因为以前她每天的通勤时间都是四个小时）。她在家庭中获得了更大的满足感，并且能够更好地集中注意力，还顺便实现了升任总经理的目标。放慢脚步为凯丝带来了很多好处。

保持你的行事风格

为什么会有这么多人认为模仿他人的行事风格就能获得成功？模仿你所欣赏的人的特征与行为是一种极好的学习与成长的方式，但前提是要保持自己的特色，而不是试图把自己变成他们。理解并重视不同的工作方法是件好事，如果这些方法能够起作用，而且不会对原来的主人造成伤害，那就借用它们，甚至是骄傲地"窃取"它们。

运用你自己的风格，而不是试图突出你的缺陷或是成为别人。我曾在金融行业工作多年，并且在军校中取得了审计师的资格。我是基于个人经历来说这番话的。回首往事，我发现自己经常通过写诗的方式来回忆教科书中的重点内容，以此学到了会计论文中的大部分知识，这就是我没有发挥自身天赋的表现。这么说吧，创造性思维在我的脑海中大声嘶喊，因为我选择了一份极其依赖分析性思维的职业。

违背个人风格也不是不行。我还是让分析性思维发挥了作用的，而且效果不错，但是这份工作令我极其疲惫和沮丧。在外地进行审计时，我很少通过纯粹的分析来获得成功。我会形成自己的工作模式，这样一来，就可以通过与管理团队建立联系来获得结果。他们会告诉我公司的缺陷和问题在哪里，依据这些，我就能展开调查并提出改进方法。我可以向你保证，这绝对不是这一行通常会采用的方法。

违背个人风格，你就无法保持变化

我经常发现自己可以从新的视角去看待旧的观念，其中一个与优先顺序和时间管理有关。在我看来，作为一个标签，时间管理这个表达是存在缺陷的。你无法进行时间管理，60分钟是一小时，一天有24个小时，一年有365天，这意味着可供每个人使用的时间是相等的，我们无法对此做出任何改变。但可以改变的是在如何利用时间这个问题上做出选择。在选择如何分配时间这个方面，你有自己的个人风格，而且一路走来，你的生活经历将会对它产生影响。

在一次会议上，我有幸听到了一位女性分享的人生故事。自从她被诊断出患有无法进行手术的癌症之后，她对时间的感觉开始变得与以往大不相同。作为一位事业蒸蒸日上的年轻妈妈，她告诉我们，现在她的"遗愿清单"无比清晰。她清楚地知道，对自己来说什么是最重要的。她清单中的第一条就是：离开这个世界的时候要能够有所作为。但愿所有人都不需要面对这样一个改变生活的事件，不过我们当然可以从她的经历中学到一些经验。

充分利用时间，使它能够服务于你的所思所想，这是维持改变并且确保你能够处理重要事情的关键。你知道自己习惯如何管理时间吗？

○ **练习**

自我评估时间

事实证明，对如何使用时间做一个自我评估是非常有用的，而且评估起来很快。

拿出一张纸，首先列出你喜欢做的所有事情，甚至是那些你可能不会经常做，或者不会去做的事情。

接下来列出你在上一周做过的所有事情。记得要把睡觉、购物、做饭以及日常琐事都包括进来。

列表完成以后，在每件事情的旁边写下你在这件事上所花费的时间。不一定非常精确，大致的猜测即可。

现在，把这些时间加起来。你用了多少时间？

我曾在一次关于时间管理的研讨会上做过这项练习。一个很有趣的现象是，当我说一周只有168个小时的时候，会有一群人感到震惊，因为他们觉得计算结果远大于这个数字。还有一群人，当他们发现自己的工作时间比预想中要少得多时，往往会松一口气，从而意识到自己有更多的时间去玩。

另一种考虑优先次序和时间管理的方法，是使用我之前在书中提过的以荣格理论为基础的心理测量学，即迈尔斯－布里格斯类型指标。它的第四个指标对我们的生活方式产生了巨大的影响，并对我们分配时间的方式起了重要作用。看看下面的描述，大致判断自己更符合哪一种。

表 5-3　评判倾向与感知倾向测试表

评判倾向	感知倾向
• 事先计划 • 规划生活 • 系统化 • 有条不紊 • 制订短期和长期计划 • 喜欢决定事情 • 尽量避免最后一刻的压力	• 自然随性 • 灵活 • 随意 • 开放性 • 具有适应性，随时调整路线 • 喜欢松散的东西，随时能够接受改变 • 因为最后一刻的压力感到充满活力

请记住，这与"用左手或是用右手的习惯"相似，即便你是左利手或右利手，如果有需要，你还是有能力使用你不爱用的那只

手。因此，这两种方式没有对错，无论你的偏好如何，都不能决定你是否擅长这件事——就跟书法一样。

在我向客户描述这些偏好时，常常会想到工作之外的例子，因为在工作中我们经常会受到企业文化与老板风格的影响，并因此摇摆不定。想一想和朋友一起去看电影时的场景吧！

如果你具有J倾向（评判倾向），那么你可能会有条不紊地组织这次活动。你可能会尽早，甚至是提前几个月就开始系统化地分解任务。你会预定电影票，准备现场取票，在附近的餐厅订好位子，以确保到时候不必等待太久；你会通过电子邮件将详细信息、停车位置还有交通链接信息发送给每个人……并在完成后享受每一刻。一旦大家决定晚上出去聚会，你就希望能够把事情确定下来，这样你就会觉得很放松。

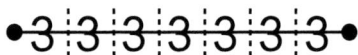

图 5-2　J 倾向示意图

有趣的是，如果你具有P倾向（感知倾向），可能在读到关于这种观影流程的描述时，就会觉得局促不安、满脸不悦，甚至可能会想："天呐，这是真的吗？"对于具有P倾向的你来说，这么早就开始预定电影票会让你有紧迫感，因为你可能会认为，等到时机成熟，你将错过一些更好的东西。你希望在截止日期之前，尽可能地保持自己的选择权。说不定到时候会有一家新的餐厅开业，如果预订了电影票，也许就会错过这个就餐机会。你觉得在截止日期临近的时候再去完成任务会更加充满活力，而且你享受最后一刻的压力，因为它会使事情变得有趣并能确保获得最佳的结果。它让你可以根据具体情况采取灵活的方法。如果你不接受这种偏好，也可以将其标记为一种弱点。你也许会羡慕自己的J型同事，并且不断告诉自己应该怎样做，你的脑海中会不断浮现一些满是愧疚的陈述，比如"我应该早点行动""我应该更有条理"……

图 5-3　P 倾向示意图

　　想象一下，你正在和一个行事风格与你完全不同的人一起工作，甚至是一起生活。如果你不认为这两种工作方式都是有效的，而且对方之所以这么做并不是想要惹你生气，那么你就会感到压力很大。我经常看到P型人被送去上时间管理课程，以便能够治好他们的毛病……而送他们去的老板通常是J型人。他们会在课程上学到一些J型人的做事技巧，然后回到办公室，实践了几周之后又故态萌发，让所有相关人员都感到沮丧和失望。

受此激发，我创建了一个流程来教人们如何管理自己的时间。这个流程能让你明白，时间管理只与个人的选择和风格有关，而且有很多行之有效的方法可供借鉴。

J型人小贴士：

制订计划，进行优先排序；为你通常十分死板的计划增添灵活性，将真正重要的事情摆在最优先的位置。量力而行，否则你很容易就会成为事情的牺牲品。

P型人小贴士：

设定完成每一件事情的截止日期。一旦设定，就必须如期完成。当然，你也可以设定一些不可更改的要求。

无论你属于哪一种类型，下面这则岩石和沙子的故事所折射出的道理在生活中依然适用。

一位哲学教授站在讲台上，面前的桌子上摆了一些道具。上课之后，他无声地拿出一个很大的空蛋黄酱罐子，将一块块岩石装了进去。

然后，他问学生罐子有没有装满。学生们回答已经满了。

于是，教授又拿出一盒鹅卵石，将它们倒入罐子里。轻轻摇晃罐子，鹅卵石滚进了岩石与罐子之间的缝隙。

然后，他又问学生罐子是不是已经满了。学生们觉得已经满了。

教授又拿出一盒沙子，把它倒进罐子里。沙子填满了罐子中剩下的空间。

他再次询问学生罐子是不是已经满了。学生们一致回答："是的，满了。"

"现在，我希望你们能够认识到，这个罐子就代表着你们的生活。"教授说，"岩石是最重要的，代表你的家人、健康——即使失去了其他东西，只要他们还在，你的生活就依然充实。鹅卵石代表次重要的东西，比如你的工作、房子和汽车。沙子代表可有可无的东西。"

"如果你先把沙子倒进罐子里，就再也放不下鹅卵石或是岩石了。"他继续说道，"生活也是如此。如果你把所有的时间和精力都花在了小事情上，就永远没有时间处理那些对你来说十分重要的事情。留意那些对你的幸福而言至关重要的事情：陪孩子一起玩、带你的伴侣参加舞会……你总有时间去上班、打扫房子、举办晚宴或是修理垃圾处理器。"

启动，维护，增长或是转变

了解自己的风格很重要，这不仅能发挥你的优势，还能让你的风格与公司的情况或战略相匹配。公司本身就如同一个生命体，也会随着时间的推移而逐渐成熟，并受到来自内部和外部力量的影响。

如果你面对一张白纸时能够很好地发挥自己的能力，而且你的方法也很有创意，那么处于整合或维护阶段的公司可能不太适合你。

在指导高级管理人员，尤其是总监时，教会他们思考自己在这个岗位上的任期和退出计划，就像制订一个战略计划来满足需求一样重要。在今天的职场上，总监的任期已降至两年以下，一部分原因是公司要求他们快速出业绩，因此风格是否匹配变得更加透明。

如果你真正擅长稳步掌控局势，并且可以确保长期维持局势，那么你也许无法在一个根据市场需求进行改革的公司中获得成功。

英国水务公司就是一个很好的例子。由于英国政府于2017年将水务行业从公有化转向私有化，这就要求英国水务公司根据自身活力，利用更具创业精神的方式来抓住市场带来的机遇。如果因为之前的模式一直十分有效便墨守成规，那么你很可能会被竞争对手挤出局。风格与业务不匹配的情况，远比你想象中更常见。

○　故事

在与一家制造型企业的团队合作时，我观察到一位车间主管对全体工作人员产生了负面影响。我不是这个团队中的一员，也不与他们一起工作，但是我能够听到并亲眼看到发生了什么。

新老板简在以前的公司里享有很高的声誉，并被称为真正的改革推动者。在需要重组和转型才能生存下去的公司中，她曾是管理团队中的重要成员，而且获得了巨大的成功。不过，她刚刚加入的这家公司正处于成长阶段，需要采取稳中求进的发展战略。

上任几天之后，简就剥夺了车间主管的权利，这相当不容易。然后，她积极分析工作流程，发现并弥补了其中的缺陷，但是她并不认可员工们将公司发展到当前规模所付出的努力。她在发挥自己侧重转型的风格时忽略了员工的需求，因此她最终遭到了整个团队的抵制。

了解独特的业务情况以及它可能会对你的风格产生怎样的影响，也许就是成功与失败之间的关键。

小贴士:

使你的风格与你所处的情况相匹配。

着眼大局还是注重细节

着眼大局的人——你有没有发现自己可以超越现实或是具体的事物，专注于意义、联想与关系？

注重细节的人——你是不是更喜欢调动五感，即视觉、听觉、触觉、嗅觉和味觉来获取信息？

你无法同时采用这两种方法来感知世界，所以你会偏爱其中的一种。在采用任何一种方法的过程中，都会出现需要考虑另一种方法的情况。因此，如果你是一个注重细节的人，并不意味着你看不到大局；同样，如果你喜欢从大局着眼，也不意味着你不会注重细节。

这两个问题起到的作用是让你了解自己的风格。对你来说，哪种方法最自然，哪种方法是你必须学习的？灵活地在这两种方法之间进行切换是一项真正的技能，而且能确保你在生活中取得更大的成功。如果你想让自己更容易做出选择，更有能力创造佳绩，那么你必须知道什么风格最适合自己，并找到一个可以促进自己发展的环境，这极其重要。

我在金融领域工作多年，作为一个着眼大局的人，我努力学习如何注重细节，尽管这让我又累又不开心，但我还是快速掌握了这种能力。回顾过去，我所处的环境并不能促进我的创造力，也不能匹配我的风格。直到更换了工作，不再从事那些办事风格死板的职业，我的能力才真正得到了发展。

人的心理肯定比这些描述更加模棱两可。如果你选择了某种职业，一定要花时间验证它是否能让你发挥自己的优势，这关系到你的生活是轻松的还是艰难的。如果你不必与自己的天性做斗争，你就能很快得到想要的结果。所以，去了解那些最有可能给你带来压力的事情吧，这样你就可以制订策略来应对它们，从而让生活变得更加顺畅。

如果你能一眼看穿事物之中存在的模式，并自然而然地纵览全局，那么你也许会觉得自己是一个着眼大局的人，甚至是一个大人物或顶级人物。但是，你也许没注意到，并不是每个人都拥有这样的能力。

以隐喻的方式进行思考或是产生新想法、创造新可能对你来说很简单，填补空白会令你感到兴奋。你专注于最终结果，能在可获得广泛信息的背景下创建出自己的愿景。如果对你来说，确实如此，而且你认为这就是你的风格，那么你也许会觉得那些提出具体问题的人非常令人沮丧。如果在你有机会展望未来之前，会议中出现了关于"资源来自何处"或是"具体情况是什么"之类的问题，也许你会火冒三丈，无法集中注意力。

对于着眼大局的人来说，让他觉得有压力的情况可能包括以下几种：

· 需要关注过去的经验（而不是展望未来）。

· 必须注重细节。

· 必须以"得到经验证明"的方式行事。

· 被要求先脚踏实地。

如果你觉得自己是一个注重细节的人，那么你解决事情的首选方式也许是脚踏实地，相信经验和看得见、摸得着的具体现实。对你来说，做一些没有实用目的的事情就是在浪费时间和精力。如果不立即采取行动，为什么还要花时间从理论上加以说明并提出概念呢？只有按序提交材料，并且提供细节，这些材料才具有价值。只有建立在对当前现实充分了解的基础上，你才会进入描绘未来愿景的抽象世界。

如果你不知道自己今天在哪里，又怎么可能决定明天要去往何处？在设想未来并提出诸多关于"如果……将会怎样"这类问题的会议上，你发现自己会禁不住去想："天啊，你可以先不要做白日梦吗？先脚踏实地一些吧！"

对于注重细节的人来说，让他觉得有压力的情况可能包括以下几种：

· 必须注意听自己或是他人的见解。

· 必须以新的方式处理旧的事情。

· 必须进行概述（没有任何细节）。

· 在事实中寻找意义。

· 需要关注可能性。

· 面临太多的复杂性。

如果某种活动让你觉得有压力，那就少参加这种活动。创造一种自己想要的生活或选择一种自己喜欢的角色，这样就能减轻压力。对于那些不可避免的需要注重细节的场合，有两个关键的方法可以让你做好准备，远离压力源：

1. 让周围的人都喜欢与你相反的风格（着眼全局或注重细节），并擅长于此。

2. 在风险较低的时候，练习上面所列的方法，这样既可以减小它们对你的影响，又可以培养起处理这种情况所需的技能。

如果你发现周围全是与自己风格相反的人，下面的一些策略也许会对你有所帮助。

如果你是着眼大局的人，而你的团队中的其他成员喜欢注重细节，可以考虑下列建议：

·练习按照顺序逐步提供信息（留意他们的回应）。

·在重要信息上举一些例子，这样它们就有了经验作为基础，而不是想象中的世界。

·围绕经验和尊重传统的价值观。

·阅读附属细则，确保在发言前弄清事实。

如果你是注重细节的人，而你的团队中的其他成员喜欢着眼大局，可以考虑下列建议：

·参与一些需要对未来做出一定程度设想的项目。

·进行头脑风暴和创意练习（与团队中的其他成员或朋友一起练习）。

·选择一些可以少进行全局思考的角色。

·练习超越细节，开始布局。

·在细节中拥有自己的力量，为团队提供服务，成为会议中的挑战者和实用主义者。

·准备好进行"迂回"的模糊讨论，同时注意其他人是否在意你的这种表现。

·花时间寻找模式。

如果能够灵活地调整自己的风格以及能够选择重视自己天性的环境，你就能走向成功并创造出你想要的生活。

○ 故事

在成为自由职业者之前，我也曾是朝九晚五的上班族。我们公司的总经理约翰尤其喜欢从大局着眼。如果你没能在第一句话（前60秒）就阐明重点，那么他根本就不会再往下听。

从集中团队的注意力、确保语言简洁等多角度来说，这个办法十分有效，但是很多重要信息会在解释的过程中丢失。

我进公司的第一年，约翰的这种风格颇有一些成效，因为副总经理克里斯总会在他身边承担解释的任务。约翰会激励整个团队，而且似乎总能凭借纯粹的个人魅力以及高超的说话技巧掀起我们的狂热之情，促使我们积极地采取行动、完成业务，并带领我们前进。

接下来，克里斯会介绍细节，说一些与具体操作有关的内容，这意味着整个团队在向外拓展的时候，不仅斗志昂扬，而且十分清楚奋斗的方向，知道下一步应该做些什么。

我入职大约一年之后，克里斯离职了。他的离职令我们伤感，而且我们很快意识到，他的离职所带来的影响超出所有人的想象。

约翰依然保持着他的个人魅力和大局观，但是随着时间的推移，整个团队逐渐变得士气低落。由于缺少了步骤详细的计划，约翰所激发的能量失去了方向。仅仅知道你现在所处的位置以及老板希望你去往何处，是不够的。

失望之情与日俱增，在很短的时间内，公司里一些很有才华的人相继离开了。为了让我们回到正轨，高层不得不进行改革……约翰足够聪明，知道自己的风格不够灵活，也无法快速改变，所以重新招聘了一位副总经理。当这位副总经理与董事会合作时，使用了一个更加平衡的方法，为团队提供了他们渴望的方向和运营重点。

可见，最强大的团队既需要着眼大局的人，也需要注重细节的人，而且他们要重视对方所采取的不同方式。

语言影响行动力

你所使用的语言不仅可以传达事实，还会对你的情绪和身体产生影响。你的大脑会将文字与经验联系起来并且对此加以参考。不同程度的紧张感与反应会伴随着这些体验出现，甚至你的体内还会释放不同的化学物质。

如果你花一些时间闭上眼睛，想象自己咬了一口柠檬，那么很有可能你的口腔中会分泌大量唾液——完全不由自主。

与人交流也好，自言自语也罢，你说话的方式会对你整个人产生不可思议的影响。如果能够充分利用语言的力量并且认识到它们对你的影响，你就能站在一个灵活的位置，会觉得自己拥有了更多的选择，而且能够做出不错的抉择。

无论你准备做什么或者你相信自己能做什么，你说了不同的话，就会产生不同的结果，而且这会影响你的成败。

从心理学角度来看，所有的外部事件都会引发与之相关的内心反应。感官感受到的内容将在细胞与神经系统的层面得到解释和处理。如果皮肤告诉你很冷，你就会颤抖；如果看到有东西快速向你冲来，你就会本能地躲开。大脑处理外部刺激并做出反应的速度快得惊人，它随时都在过滤自己接收到的信息。过滤后的信息会对你的感受产生影响，并通过语言描述得到解释，这反过来会对你的身体产生影响。由此可知，身心之间的联系完全是字面意义上的。

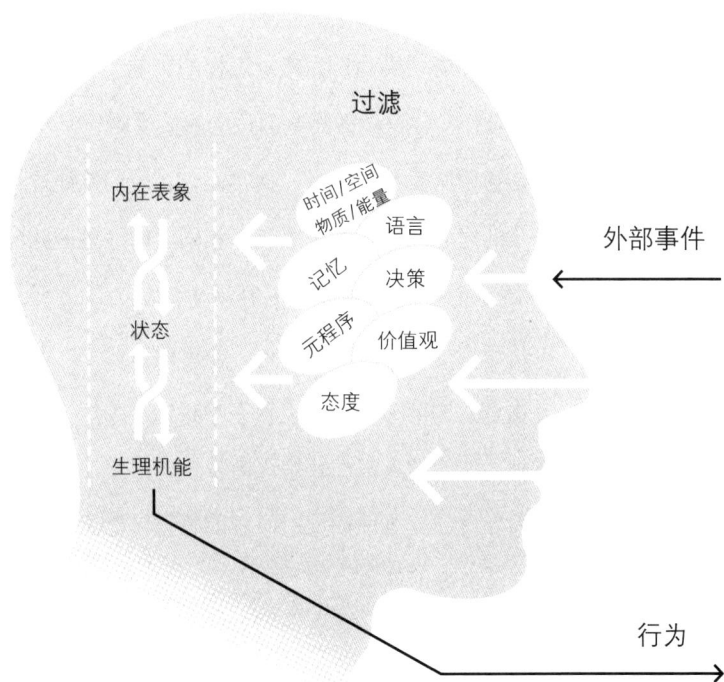

图 5-4 外部事件引发的内心反应

设想一下，假如你被告知，你所在的销售团队正处于硝烟弥漫的销售战场时，你会产生怎样的感受？团队的目标是不惜一切代价消灭竞争对手，对你个人来说，你会采取什么策略？你的身体能够感受到何种程度的紧张？想到这里，你的肩膀是会放松地垂下，还是紧张地绷紧？

再设想一下，你所在的销售团队的座右铭与愿景是成为世界上最好的团队——所在领域的佼佼者——行业第一。请留心，你会产生怎样的感受？这会对你的动机和行为产生怎样的影响？你会如何与团队中的其他成员合作？你身体的哪些部位能够感受到它？

这两种类型的销售团队我都合作过，据实而言，他们都能取得成效，但给成员带来的内心压力与紧张感各不相同。前一种团队的人员流动比后一种团队的更高，成员也更容易生病。为了改变现状，前一种团队重新规划了自己的目标，将"消灭竞争对手"改为"战胜竞争对手"，由此，团队文化发生了根本的转变。经过一段时间的合作，我观察到，他们的攻击性开始逐渐减弱，但是他们创造了一个完全以获胜为导向的竞争性环境，而之前感觉自己正在战斗所带来的相关损害已经消失不见了。

开场白与免责声明

也许你曾经有一些（说不定现在依然存在）自己完全没有意识到的口头禅。它们会影响你的表达效果，以及听众对你的感知方式。你有没有说过："这只是一个想法，不过……""这可能有点蠢，但是……"如果你发现自己喜欢在说正事之前加上这类表达，那么，你就是在向你的听众发出一个信号——接下来你要说的话根本不值得听。你在暗示他们，你不相信自己将要说的话，既然这样，别人为什么还要听呢？一个词也可能产生类似的贬低自己的效果。你可以试试这些词——"有点""只是""你知道的"。听到这些词的时候，表达的内容增加了还是减少了？

○　**故事**

简是一家商业银行的分区经理。在给她进行职业指导的过程中，我们一同研究了阻碍她晋升的无形障碍。简是银行内部人才计划中的一员，大家都觉得她前途无量，因此银行投入重金来留住她，并开拓她的技能。

在过去的几年里，简曾三次申请区域级别的岗位，而且每次都进入了最后一轮的角逐，但全都以失败告终。她得到的关于为什么会落选的反馈非常模糊，充其量也就是说她态度严肃、个人风格不符等。简十分沮丧，她觉得如果自己不做出改变，可能会一事无成。

在谈到面试官中的关键成员时，我发现三场面试中都出现了彼得的身影，这让我十分好奇。简解释说，她之前的两个职位都受到彼得的领导，而且他高度认可她的专业能力。

当我们聊起他们之前的工作模式时，我茅塞顿开。我开始怀疑，简的问题也许与感知管理而非具体事实有关。通过观察，我发现彼得对于简的看法明显受到了语言的巨大影响。

每当简去彼得的办公室找他时，都会先敲敲敞开着的门，等他抬起头说"进来"，然后才说"我只需要十分钟，你有空吗"之类的话。这看起来非常有礼貌而且没有恶意。

此后，我观察了那些刚刚升职并且彼得同样参与了面试的人。他们会敲敲彼得办公室的门，走进去之后说："我需要十分钟，你现在有空吗？还是说我过一会儿再来？"他们尊重彼得的时间与私人空间，但是他们的要求显得更加直率。

简的礼貌被解读成了缺点，彼得认为她不如其他人自信。尽管事实并非如此，但是感知就是事实，因此彼得在决定更高一级岗位的人选时，就会将这个事实考虑进去。意识到这一点就意味着，简现在可以选择改变自己每天与彼得打交道的方式。这些改变虽然微小，却非常重要。

彼得对简的看法几乎在一夜之间发生了改变。他开始带着她参加更具战略性的讨论，并且邀请她在董事会即将资助的全球项目中担任关键角色。对感知进行管理能够产生巨大的差异，你相信了吧？

黛博拉·坦纳博士在《从上午9点聊到下午5点》一书中指出，在工作场所交流时，那些说话直白的员工所发表的意见往往更容易被采纳，而且他们说话的时间也比同事的更长。过于礼貌反而会适得其反，很多人都喜欢在发表意见之前先加上诸如"我不知道这有没有用""可能你们已经想到了这一点"之类的免责声明，希望借此让自己的发言听起来显得不太冒失。然而，这种免责声明只会让别人忽略你想要表达的其他内容。

这是大多数人都需要注意的事情。在日常生活中，我们会尽量使用柔和语，可到了最后，你根本无法从字面上理解说话人想要表达的意思，例如"我有点儿害怕"——怎么会有点儿害怕呢？害怕是一种极端状态。如果没有害怕的感觉，那就是一点儿也不害怕；相反，你说不定会觉得恐惧或是焦虑。学会在不添加柔和语的情况下将事物原原本本地表达出来，有助于让我们的沟通变得更加清晰、更易于理解。

如果想要改变你自己或是团队中某位成员留给别人的印象，那么仅仅告诉自己或是团队成员要大声说出自己的观点，这种做法不太可能持续发挥作用。

有些人在说话前需要时间思考，而很少有人喜欢听命于人。如果一家公司的经理希望员工尽职尽责、任劳任怨，他就需要营造出一种尊重个体差异的企业环境。

工作中，你在哪些方面有机会对这种环境产生影响？你会有哪些不同的做法？它就像是让人们在开会之前能够提前了解会议内容一样简单。

○ 练习

语言审查

如果你换了一种说话方式，就请一位朋友或是信得过的同事来听一听，请他们对你所使用的方式进行审查，指出其中不断重复或是会对他人产生负面影响的词语或短语。收到反馈之后，你就能够知道问题出在了哪里，然后决定是否需要做出改变。无论改变与否都没有关系，既然已经知道哪些词语存在问题，我们在说话的时候就更能意识到它们的存在，也更能注意到它们的影响，这样就可以更好地理解必须在当下做出的改变了。

一旦了解了一件事，就不可能再将它从脑海中赶走。

为成功做好准备

大脑会以一种非常直接的方式来解释你所说的话。你怎么说，它就怎么做，分毫不差。例如，要是我对你说"别去想什么蓝色的树"，你会想到什么呢？很有可能你的脑海中会浮现出一棵蓝色的树。这是因为，只有当你明白了"别去想"的东西到底是什么之后，才能做到不去想它，所以，为了避免想起这个东西，大脑会开始扫描你的记忆。这虽然有违直觉，但是又合乎逻辑。

从实践的角度来说，了解大脑的工作原理对你大有裨益。因为大脑会按照字面的意思接受指令，所以你应该对它详细说明你想要什么，而不是你不想要什么。

有多少次你对爱人说"别忘了取干洗的衣服"，结果爱人还是忘了取；或者你刚告诉孩子"别把盘子弄掉了"，立刻就听见"哗啦"一声。如果换一种表达方式——"记得把送去干洗的衣服取回来呀""小心地握住手中的盘子哦"，效果会好得多。

经过练习之后，你才能养成"表达自己想要什么"的习惯，而你得到的结果会发生巨大的变化，它消耗的能量也更少。

还记得上一次听到别人说"我会去试试……"或是最近你自己也说了同样的话时的情景吗？听到这句话的时候，你觉得那个人真正去做这件事的概率有多大？这和"我会去做"不一样。我觉得"试试"这个词很有趣，因为它为你埋下了失败的隐患。如果你说自己会试着去做，那么从你真正动手去做的那一刻起，就不再只是"试试"而已了。因此，从字面意思上来看，你并没有实现自己所设定的目标。我的意思是，如果你说的是"我会试试"，那么惨遭失败的可能性就会更高。

我的推理充分说明了在前面提到"别去想什么蓝色的树"时的分析。从本质上来说，大脑只会根据字面意思进行理解。如果你的大脑听到你说"我会试试"，那么这就是你的目标——试试。如果我对自己说"试试看我能不能拎起那桶水"，那么在我设法把它拎起来的那一刻，就已经失败了，因为我已经不是在尝试——而是在做这件事。对于拎起一桶水这样简单的任务来说，你的体能很可能远超指令的要求，无论如何，这种情况都会发生。但是，对于更加复杂或是更加困难的任务和目标来说，如果你设法实现了继续尝试的这个目标，你就给大脑创造了很多破坏这项任务的机会。

○ **练习**

"待办事项"中的重点

花些时间将"待办事项"中标记为"打算试试"的条目全都列出来，看一看它们已经在这张清单中待了多久。问问自己，如果想要将它变成"准备完成"或者"必须完成"，你需要做些什么。也许就和换个标签一样简单，也许你会发现它对于你来说并不重要，因此可以从"待办事项"中删除……抑或是需要更进一步探索阻止你迈出这一步的原因究竟是什么。在这一点上，我建议你与自己信得过的朋友或导师聊一聊，或者抽些时间深入考虑一番。

CHOICES

后　记

postscript

结束······开始新的旅程

感谢你抽出宝贵的时间来阅读这本书。你能够选中《选择的艺术：从混乱到清晰》并且读完它，这让我感到十分荣幸。我希望你可以学到一些新的知识，回忆起一些早已掌握的内容，而且现在能够感觉自己拥有了更多的选择。

你可以随时翻回到自己喜欢的章节（包括练习）。现在，你拥有了一个可以与人分享、进行练习并且在需要时能够参考的资源库。

因此，在本书的续集问世之前，去过你想要的生活吧！从不可避免的挑战中振作起来，享受这段旅程。